sobinfluenciaedições

PREFÁCIO
Sophie Bessis[1]

Nos últimos anos, havia uma lacuna na abundante literatura dedicada ao estudo dos movimentos decoloniais. À medida que essas correntes ganhavam público e atraíam segmentos cada vez mais importantes das comunidades intelectuais norte-americana e europeia, diversos autores se propuseram a retraçar sua genealogia e analisar seus argumentos. Porém, em geral, se concentraram apenas nas suas manifestações ao norte do mundo, em particular nos Estados Unidos e na França, onde defensores das ideologias decoloniais são, sem dúvida,

1 Sophie Bessis é historiadora, jornalista, pesquisadora e autora feminista francesa nascida na Tunísia. Sua obra abarca temas como o desenvolvimento no Magrebe, assim como a denúncia das mulheres às opressões a que estão sujeitadas.

mais expressivos. No entanto, esse movimento tem duas fontes. Se, por um lado, se espalhou no núcleo de grupos sociais ocidentais resultantes das imigrações, por outro, nasceu pouco depois das independências dos países que viveram durante um século, ou até mais, sob a chancela colonial. É esta fonte — menos conhecida no Ocidente, mas essencial para compreender o que está em jogo na corrente decolonial — que Elgas dedica seu livro, cujo título, *Os bons ressentimentos*, é por si só um programa completo. Já de antemão, define o perímetro, a África francófona, onde as independências foram conquistadas sem que o laço com a antiga potência tutora fosse rompido ou sequer afrouxado.

Mas por que este título? O que faz com que os dois afluentes, do Sul e do Norte, se unam para formar uma corrente poderosa o bastante para se impor no debate mundial é a partilha dessa paixão triste que é o ressentimento. No Norte, ressentimento das classes média e média alta que se autodefinem como "racializadas" e consideram que o lugar que ocupam na sociedade dominante não corresponde às suas expectativas. A ideologia decolonial forjada por suas elites busca fornecer uma base teórica para a marginalização da qual se sentem objeto, apoiando-se tanto nas discriminações bastante reais sofridas pelos subproletariados de origem extraeuropeia, quanto nas memórias feridas que carregam. No Sul, nesta África onde o passado não passa, na medida em que o antigo senhor muitas vezes se contentou em mudar a roupagem para perpetuar sua presença, as pessoas ficam remoendo os ataques a uma soberania ainda desconhecida e se colocam como eternas vítimas de uma "ordem branca" que não teria sofrido qualquer alteração. Os intelectuais reivindicam ícones, de Frantz Fanon a Cheikh Anta Diop, instrumentalizando o primeiro e venerando os erros do segundo, em uma tentativa de provar que nada mudou. E os jovens, para quem as independências não deram fruto algum para saborear, buscam improváveis salvadores substitutos agitando bandeiras russas. A geração de seus avós, que lutou para expulsar o colonizador, não perdeu tempo guardando rancor, pois tinham um futuro para construir. Já a de hoje, assiste ao futuro escapar. Será que é por isso que se refugia nos bolores de um passado constantemente evocado?

É este sentimento rançoso e prolongado que Elgas disseca em sua análise. Ele precisará de uma grossa couraça para enfrentar os ataques que virão às enxurradas. E os antecipa fazendo, de antemão, um inventário dos mesmos: lacaio dos brancos e traidor dos seus, assim são descritos aqueles e aquelas que tentam escapar da sujeição das atribuições da comunidade e que questionam a injunção de respeitar identidades reconstruídas e fantasiadas. Pois trair a identidade dando um passo para trás equivale a romper a unidade do grupo ao qual se supõe pertencer ao aderir aos valores de um Ocidente que não renunciou aos seus sonhos hegemônicos. Nunca é demais falar sobre a situação insustentável em que se encontram os intelectuais do Sul que aspiram a pensar livremente, situados entre o martelo da injunção mimética exigida pelo falso universalismo ocidentocêntrico, promovido pelo imperialismo colonial e seus epígonos contemporâneos, e a opressão do diferencialismo inerente a qualquer mandamento identitário.

Elgas poliu sua resposta: sua crítica ao decolonialismo e seus paladinos passados e atuais não o deixam esquecer as torpezas que a França se permite em suas antigas possessões. Ele as analisa para então denunciá-las uma a uma e, nesse sentido, ninguém poderá acusá-lo de um mínimo de complacência em relação a Paris. Sua força reside precisamente em sua capacidade de manter unidas as duas pontas da corrente: não é nem a amargura, nem um ódio ambíguo, mescla de fascínio e inveja, que acabarão com os privilégios das potências e com a cultura da supremacia em que se baseiam. Por outro lado, lança um olhar lúcido sobre o que foi perdido desde os anos 1960 — que na época possibilitou tantas esperanças.

No capítulo *A fábrica de novos rebeldes*, que constitui a espinha dorsal dos "bons ressentimentos", dois temas merecem destaque, aos quais Elgas dedica algumas páginas densas. Por um lado, a condição totalmente essencializada que representa o episódio colonial entre os decoloniais. Em resposta à atribuição de alteridade na qual os ocidentais muitas vezes ainda confinam os "Outros", há a fantasia de um Estado colonial a-histórico petrificado em sua eternidade. Portanto, a retórica decolonial desistoriciza o sujeito, uma vez que o fato de ser vítima da colonização seria uma condição perene. Assim, a partir do momento em que postulam que "tudo é colonial", confinam populações na condição exclusiva de vítimas, privando-as da capacidade de produzir sua própria história. As complexidades de mais de meio século de história pós-colonial são ocultadas, assim como a longa história pré-colonial que constitui o adubo dessas sociedades. Além disso, elas seriam homogêneas, privadas de classes sociais ou divisões políticas. O peso colonial absorveria tudo, apagando qualquer contradição interna. Por outro lado, o sucesso midiático que as estrelas decoloniais desfrutam e o apoio de uma parcela das *intelligentsias* ocidentais do qual se beneficiam, que endossam com certo prazer a carapuça de eterno culpado, também são questionados. Paradoxalmente, tal atitude poderia traduzir a incapacidade dos ocidentais de se descentralizar: ao acreditar serem a única causa do sofrimento dos "outros", isentos de responsabilidade e destino próprios, salvaguardam o lugar de única força ativa da História.

Em última instância, a postura decolonial não é o ápice de uma alienação incapaz de morrer? Recusar-se a romper com o paradigma do senhor e do escravo não equivale a perpetuar a lógica do primeiro? Como sair dessa situação, a não ser reivindicando "a qualquer custo" — e Elgas usa essa expressão deliberadamente — a possibilidade de ser livre? Sendo, em um único movimento, o mesmo e o outro, o particular e o universal? Recusando se refugiar em consolos incertos para estar plenamente no mundo sem negar nada dos tempos e dos lugares de onde se vêm? "Oh, meu corpo, sempre faça de mim um homem questionador!", escreveu Fanon na conclusão de sua obra-prima *Pele negra, máscaras brancas*. Ao ler Elgas, compreendemos que ele aprendeu essa lição.

Para Amadou Gaye

"Quem não viu a estrada, entre dois galhos de árvore na aurora, bem fresca, bem viva, não sabe o que é esperança. A esperança é uma determinação heroica da alma, e sua forma mais elevada é a superação do desespero. Achamos que é fácil esperar. Mas só esperam aqueles que tiveram a coragem de se desesperar das ilusões e das mentiras nas quais encontravam uma segurança tomada falsamente por esperança. A esperança é um risco a correr, é inclusive o maior de todos os riscos. A esperança é a maior e mais difícil vitória que um homem pode obter sobre sua alma... Só é possível alcançar a esperança através da verdade, ao custo de enormes esforços. Para encontrar a esperança, é preciso superar o desespero. Quando chegarmos ao final da noite, encontraremos uma nova aurora."

GEORGE BERNANOS

Conferência aos estudantes brasileiros

Rio de Janeiro

PREÂMBULO

"Alienado", "lacaio", "negro da casa", "*bounty*",[1] "capacho", "colaboracionista" etc são os termos utilizados pela acusação em nosso século. O registro de linguagem não é nada elegante. Nem muito polido, nem muito consistente. Mas essas palavras vêm de longe, impulsionadas pelo cuspe que as acompanha. Uma mancha indelével e uma focinheira, ao mesmo tempo. Sentença cruel! As palavras

1 Conforme o contexto, o termo *bounty* pode significar tanto uma identidade social reivindicada quanto um estereótipo ou uma injúria racial dirigidos contra pessoas negras, julgadas pelos seus pares como tendo adotado comportamentos e representações considerados tipicamente brancos. Em ambos os casos, trata-se de uma reação de apropriação de uma identidade social devido ao estigma causado pelo racismo. O termo é uma metáfora que remete a *Bounty*, marca de uma barra de chocolate ao leite recheada de coco, "preta por fora e branca por dentro". Quem nunca se deparou com a expressão "preto de alma branca"? (**NOTA DO TRADUTOR**)

em si, assim proferidas, são suficientes para o opróbrio e a desqualificação. Mordida ingrata na reputação dos acusados, que atua como veneno: sobre eles recai o peso da desconfiança e, com muita frequência, a lenta agonia. Qualquer um que seja pego pelo tribunal da "identidade autêntica" — instituição tirânica com instruções sempre acusatórias — vê seu trabalho manchado para sempre pela marca inapagável da traição e sua eventual glória extinta como a luz de uma tocha na tempestade, seu legado atingido por uma maldição. Resumindo: se vê desacreditado, excluído ou deportado para a margem daquilo que é digno de consideração por um desprezo equivalente à censura. É uma falência moral da qual não há uma verdadeira recuperação. E a História generosamente prova isso: poucos acusados restauram sua virgindade. Qualquer sobrevida através das graças da fortuna, do reposicionamento e da redenção da respeitabilidade está fadada a arrastar as manchas sujas desse corte, cujo prurido nunca seca. Uma mordaça e um apagamento reencarnados no higienismo ambiental, como fatores de estreitamento do território do debate e da instauração quase imprescritível de uma suspeita insidiosa permanente. A acusação assume diversas formas, e sua generosidade e sistematicidade lhe conferem um amplo espectro semântico: negação, alienação, desprezo pelos seus, desculturação, servidão, servilismo, traição. Ela sempre gira em torno da mesma falha já identificada: a traição aos seus, negros, africanos, uma comunidade formada por uma história singular.

Durante muito tempo, estava na moda, para os mais ousados, se divertir com essa acusação. Ou, para os mais acanhados, aliviar o seu peso com uma negação consciente e pragmática. Basicamente, sufocá-la em um silêncio e um desprezo perspicazes, esperando que ela morra por si só, de cansaço. Mais estratégico seria considerá-la, ou até mesmo valorizá-la com magnânima benevolência, como a manifestação de uma diatribe, se não saudável, ao menos necessária, uma vez que incorporaria em si o senso épico da controvérsia, fomentadora — segundo as cartilhas do debate — de um intercâmbio cuja virilidade e aspereza seriam garantia de vigor. Seja qual for a escola a que se pertença, a natureza inquisitória reduzia qualquer tentativa de contorná-la a uma ridícula vaidade. Porque tanto ser convencido quanto acusado não era nada fácil. Em suma, isso podia abalar a alma, perturbar para sempre a tranquilidade, incutir aquela dúvida devastadora que assola o sujeito de repente colocado diante da própria nudez, confrontado com uma nova acusação que sempre o pega de surpresa. Como leitor e espectador entretido desse vale-tudo, o fenômeno parecia assumir uma condição que nenhum higienismo moral deveria esnobar ou desprezar. Mas a alienação, *depreciada assim*, traz consigo uma forma de imprudência, uma implacabilidade que persegue, oprime, desacredita e marginaliza. Passei a última década tentando explorar seus mecanismos, suas ramificações e suas expressões sem a pretensão de estar imune a esses vieses, muito pelo contrário, com uma ótica clara. Nenhum segmento escapa a ela. Leitor adolescente, a candura me salvou do choque. Os livros deviam ser apenas santuários, imunes às disputas latentes que esgotam seu mel. Mas a colmeia resmunga e o néctar arde a contrapelo. A imprudência sempre tem um preço, nos ensina o endiabrado Voltaire quando manda a camarilha de Cândido[2] às terras do arrependimento. Adolescente imigrante na França, enfim tive que acor-

2 VOLTAIRE. *Candide ou l'optimisme*. Gallimard, 2016. [No Brasil: *Cândido ou o otimismo*. Tradução Samuel Titan Junior. São Paulo: Editora 34, 2013. (N.T.)]

dar para a violência da realidade colonial depois de um longo sono que torna o despertar ainda mais brutal. Seja em Ziguinchor ou em Dacar, no ápice de suas expressões, essa realidade assume formas antigas, arquiteturais e patrimoniais; ranhuras da história nos edifícios e vestígios urbanos por vezes invasivos. Em última instância, seu impacto continua secundário ao longo dos dias, felizes ou teimosos. Comparado à França, era quase um paraíso, virgem da recorrência de reprovação e da tensão permanente do processo colonial na diáspora. Uma língua, um sotaque ou um estilo de vida podiam vagamente levar alguém a ser alvo de calúnias, como símbolos de desenraizamento nas vielas de Ziguinchor. Mas nada podia ser mais desagradável do que isso, sobretudo porque, em geral, a observação era acompanhada, em tom de brincadeira, de uma mistura curiosa de inveja e rejeição, que nunca chegava a uma ruptura hostil, uma invectiva ou desqualificação. A virgindade da aldeia imaculada da infância, cujo grande valor aprendi com Georges Bernanos,[3] havia sido perdida nos primeiros passos pelo Hexágono, de tão dominados por um novo frenesi. Por mais brutal que fosse, a saída dessa época edênica necessariamente devia tirar o véu em uma novidade salvadora. Ato fundador da perda definitiva da serenidade e, sobretudo, da vertigem de ter de passar todas as conquistas pelo crivo desse novo olhar. Sem aviso prévio, tive que mergulhar nas percepções cruzadas e conflitantes do eu e da alteridade. Essencialmente, o dualismo branco-negro, instaurado pela realidade colonial. Em terra estrangeira, muitas vezes inimiga, terra de sonhos e também envenenada, uma terra de salvação e também de espoliação, a

3 BERNANOS, Georges. *Les Enfants humiliés*. Gallimard, 1973.

pressão viva pairava com a regularidade de um metrônomo. E de uma só vez, no céu repentinamente velado, era preciso "*ver com nitidez e ouvir perigosamente*", com o eco injuntivo e marcial de Césaire.[4] Não se esquivar mais, e olhar. Organizar as astúcias da fuga com antecedência. Flertar com a vergonha suprema, inevitavelmente: a alienação. Aquela que espreita, fera cruel, com os caninos à mostra, em busca de presas desgarradas que a imigração produz aos montes. A França logo passa de tentação a carrasco. De horizonte a miragem, até mesmo precipício. Nossa relação merece, portanto, uma interrupção, sem mentiras ou debandadas. Sua miragem atordoa os jovens letrados, sua língua é sua esplêndida prisão, ela os envolve em uma lógica perniciosa.

Acadêmico fervoroso e, logo, ávido, devorando o material inesgotável dessa diatribe até a saciedade, ou mesmo a repulsa, senti emoções tão vívidas, daquelas que te fisgam, cujo tema central se torna, mais que uma condição, um desafio moral e ético, uma questão de fidelidade, um questionamento interior sobre a provável felonia jamais descoberta. Tema de um primeiro livro que mergulhava na aspereza da sociedade senegalesa, seguido por um segundo[5] que explorava os labirintos do sentimento amoroso, por desvio, comodismo ou procrastinação, de fato era necessário chegar ao ponto frontal, para dissecar o ecossistema global da alienação e sua forma mais turbulenta e mais dolorosa, o ressentimento.

4 CESAIRE, Aimé. *Discours sur le colonialisme*. Présence Africaine, 1956. [No Brasil: *Discurso sobre o colonialismo*. Tradução Claudio Willer. São Paulo: Veneta, 2020. (N.T.)]

5 ELGAS. *Un dieu et des moeurs*. Présence Africaine, 2015 e ELGAS. *Mâle Noir*. Editions Ovadia, 2021, respectivamente.

Jovem pai enfim residente em Hauts-de-Seine, jurando apenas por meu Coubanao em Casamança, o espírito enraizado em Ziguinchor, flanando em minha Saint-Louis natal, a pluralidade de minhas referências, de minhas raízes, de minhas influências, de minhas identidades forjadas pelo tempo e pelas viagens deviam ser, em meus breves cálculos, um escudo, totem natural de uma imunidade do *Todo-Mundo* do pensador martinicano Édouard Glissant! Eis que, contrariando minhas proteções ingênuas, ela me escolhe como o símbolo perfeito dos acusadores. Mas o banco dos réus está tão lotado que dele surge uma companhia calorosa, e acaba valendo a pena voltar para ele.

GÊNESE E "MENTORES" DO DELITO DE ALIENAÇÃO

O uso da alienação como arma de dominação é tão antigo quanto o mundo; cada vez que um povo conquistou outro, essa arma foi utilizada. É edificante destacar que são os descendentes da Gália, contra os quais César utilizou esta arma, que agora a usam contra nós [...]. O veneno cultural, habilmente inoculado desde a mais tenra infância, se tornou parte integrante de nossa substância e se manifesta em todos os nossos julgamentos.

CHEIKH ANTA DIOP

Nações negras e cultura

O francês não é apenas instrumento de aquisição de uma ciência, mas uma ciência em si: é preciso demonstrar que o dominamos completamente, todo o resto é secundário. Percebemos então a razão do nosso pedantismo e o valor exato da expressão *djvaya degi nasarann* entre a elite senegalesa: "Ah, como fulano assimilou bem o francês". Do mesmo modo, é compreensível o fato de que esses literatos concentrem todos seus esforços para tornar seus escritos inteligíveis, não para os africanos, mas para os europeus, como se tivessem como único objetivo forçar a consideração dos últimos; o que é, no mínimo, infantil.

CHEIKH ANTA DIOP
Alerte sous les tropiques

Se no campo pós-colonial africano, por meio dos variados episódios históricos a partir da década de 1960, a acusação de *alienado* teve tanto fôlego e tamanho poder *destituinte*, é porque em determinada época foi difundida por belas vozes. Acusadores de primeira linha, cuja credibilidade ou genialidade ninguém ousaria questionar. Carregam consigo uma garantia de retidão, um certo controle sobre a verdade e, no mínimo, alguma coragem. Cheikh Anta Diop, por exemplo. Egiptólogo senegalês de renome, a princípio humilhado no coração de Paris por sua coragem, cerceado e marginalizado[6] por seu traba-

6 A tese de Cheikh Anta Diop foi alvo de acalorados debates acadêmicos. Na obra *Conjugaisons*, que retrata militantes da renascença africana, Georges Balandier relembra as cenas dessa defesa, transformada em comício político e que desafiou o protocolo universitário.

lho científico que desafiava o dogma colonial.[7] Aclamado ou odiado, elogiado ou rejeitado, o pensador senegalês deixou sua marca. Protagonista fundamental da *reinstituição* acadêmica da África na História, logo se impôs como intelectual de primeira linha, tal qual um profeta com dimensão progressivamente universal, invocado no mundo inteiro como referência primordial e estrela que aponta o horizonte. Após essa marginalização inicial, sua vingança é total no confronto contra os seus, pouco sensíveis aos argumentos de críticos que, ao longo do tempo, com estruturas refinadas, derrubaram algumas teorias do fetiche. De livros a colóquios, de artigos a intervenções,[8] alerta contra os resquícios de submissão ao Ocidente colonizador, cuja alienação patológica é o produto que tem de ser desarticulado caso se queira aspirar a uma verdadeira soberania. Ele denuncia incansavelmente os alienados, esses "Negros" nem tão *fundamentais*, e os falsários da renascença africana. O tom é muitas vezes veemente e irônico, pungente e ágil. Seu martírio pessoal por suas próprias ideias, bem no coração de Paris e, depois, em Dacar, lhe dá uma força dez vezes maior.

Cheikh Anta Diop teoriza a alienação cultural desmascarando-a em termos refinados. E tem elegância e honestidade de consciência, retidão moral e um *a priori*

7 DIOP, Cheikh Anta. *Nations nègres et culture*. Présence Africaine, 1979. [No Brasil: *Nações negras e cultura*: da antiguidade negro-egípcia aos problemas culturais da África negra de hoje. Tradução Monica Stahel. Rio de Janeiro: Editora Vozes, 2025. (N.T.)]

8 DIOP, Cheikh Anta. *Alerte sous les tropiques, Culture et Développement en Afrique Noire*. Présence Africaine, 1990.

favorável. Como Edwy Plenel[9] ensinou a seus herdeiros, é possível mentir um pouco quando moralmente se tem razão. Trapacear um pouco quando tiver certeza de que tem uma vantagem moral. A verdade científica pode, portanto, se tornar secundária, a urgência da militância requer adequações. Não se trata de más intenções, nem de uma falha imperdoável, mas de uma inocência da virtude e astúcia de seu império. Além disso, Cheikh Anta Diop acrescenta substância e espessura, pois não se situa nas grandes margens de erro. Embora extrapole, essencialize ou pegue atalhos pouco rigorosos no que diz respeito ao Egito, é apenas por empolgação e falta de cautela. Nunca por brutalidade ou mentira deslavada, apenas pela temeridade do pesquisador, nas fogueiras do debate envenenado que leva a certos radicalismos. Mas quem poderia culpá-lo, naquela época, por algumas imprecisões aqui, por algumas aproximações ali, quando a urgência é fazer justiça contra o ogro colonial ainda forte, tempestuoso e que busca amordaçá-lo às custas de outros excessos abertamente racistas e de métodos, no mínimo, abomináveis? Considerando tudo isso, a escolha é rápida. Será a de muitos de seus amigos, leitores contemporâneos e, mais ainda, a de seus herdeiros. Assumir esse risco é assumir tudo, não há tempo para picuinhas sobre pecadilhos. Ainda mais quando a proposta agrega força, tem conteúdo e verniz científicos, e restitui um esplendor que o desprezo de si mesmo e a servidão colonial acabaram por estender e institucionalizar. Ao virar a História de cabeça para baixo, Cheikh Anta Diop mantém um mérito inabalável. Constitui as premissas de uma cons-

9 Perfil em Le Monde, disponível em: https://www.lemonde.fr/m-actu/article/2014/03/28/edwy-plenel-le-coup-d-eclat-permanent_4390775_4497186.html.

ciência que corresponde aos desejos da época, mas um desejo eterno, à atmosfera, ao desejo de libertação, do qual se torna um messias intelectual, com o risco inerente a qualquer profecia, o de virar guru quando o legado falha em mãos pouco habilidosas. Tudo se encaixa em um bloco homogêneo de tal modo que se torna crível, mas, acima de tudo, legítimo. Pouco importa as fragilidades do justiceiro, sua postura não pode admitir nenhuma contrariedade que possa ofuscar o brilho. Raramente, o quadro de análise que ele oferece e sua presciência serão pegos em flagrante de ataques pessoais. A credibilidade de seu ativo é notável, ainda mais se considerarmos o que veio depois. O contexto da época ajuda muito a compreender a força das ideias do pesquisador senegalês: *a ferida colonial*, tanto ela quanto suas sequelas, é um passivo difícil de liquidar em termos justos e sem solavancos, assim tornando suspeitos todos os intelectuais formados na escola ocidental, que se transformavam, ano após ano, em gestores de seus países. Portanto, devem, fatalmente, com os círculos das elites, tornar-se o alvo dessa acusação que identifica a estrutura como sua serva. A dificuldade de medir os graus de alienação, como dificuldade adicional, faz com que metade das acusações seja arbitrária. Nesse jogo, a astúcia e a ofensiva podem ser de grande ajuda — mesmo quando elas se fundem em uma verdadeira convicção —, pois fazer a acusação é um meio de se imunizar a um baixo custo. Seja qual for a intenção, a suspeita permanece.

Assim, o campo intelectual africano é marcado pela persistência dessa dualidade entre a legitimidade de pensar e de dizer, e a ilegitimidade da mesma ordem. A acusação de alienação tem, portanto, um futuro belo e radiante pela frente, porque é imprescritível. Como a desalienação é uma promessa que nunca será cumprida, o horizonte aberto é infinito. O outro, o *alienado*, cuja docilidade, submissão e felonia para com a causa dos seus, para dizer trivialmente, são desmascaradas, acaba se tornando culpado aos olhos de todos. Ganha-se autenticidade quando nossos esforços são para desmascará-lo e estigmatizá-lo.

Revigoradas pela história que as reabilita e as reposiciona no centro do debate, as lições de Cheikh Anta Diop, seu verniz científico, apesar da fragilidade de alguns argumentos ou de sua franca inconsequência, se tornaram viáticos compartilhados e reproduzidos em abundância, como um oráculo ou até mesmo um antídoto contra a perdição. Mais do que herdeiros, Cheikh Anta Diop tem discípulos, ativos e enérgicos. E, em muitos casos, soldados preparados para a tarefa. Na boca e nos textos do mestre, o pensamento é construído e documentado de modo a revelar as realidades dos vínculos nefastos; é um chamado à vigilância diante da persistência da alienação. Entre seus discípulos, essa ideia só resultaria em uma forma de "caça" ou de "vigilância persecutória". Ela derrapa, fustiga, prolifera, tendo a captura como combustível, e a busca por conflito se torna sua essência. Assim, a permissão e a benção eram dadas para desalojar os exploradores desta ordem pós-colonial. Seguindo os passos de Cheikh Anta Diop, o primeiro desbravador, a dinâmica da luta pelas independências e seus vários marcos — de Bandung à Guerra da Argélia, passando por importantes etapas intermediárias e combates atuais —, bem como a busca total por uma independência que rompa com a relação colonial, são um longo e contínuo processo para desmascarar os *últimos traidores*. Trata-se do nascimento de terminologias pouco amenas, que lançam pitadas desagradáveis de eterna desconfiança e permitem a violência de um rompimento fratricida. O pensador senegalês é ainda mais celebrado porque, durante a defesa de sua tese, transformada em *meeting* político,[10] em um clima acalorado de luta de boxe, os pensamentos que ele expressa e expõe emanam uma nova energia. Ela é fundadora. Agrega. O que não é pouca coisa. Até mesmo Georges Balandier, que narrou o acontecimento, fica fascinado, apesar das distâncias que estabelece com a ortodoxia acadêmica.[11]

Frantz Fanon não difere tanto do egiptólogo senegalês, ao menos no desejo comum. O psiquiatra martinicano, grande portador da raiva na Argélia, imprime, por sua vez, uma sofisticação na caçada dos falsos arrependidos que vestem a máscara da mentira e colaboram na perpetuação insidiosa da antiga ordem com seu famoso livro

10 BALANDIER, Georges. *Conjugaisons*. Fayard, 1997.

11 "Isso ficou claro durante a defesa de suas duas teses de doutorado na Sorbonne. A pedido do decano das letras, um historiador da antiguidade que orientou seu trabalho, eu fui membro da banca. A intenção era a de que eu aportasse o julgamento de africanista e amenizasse eventuais excessos, tão grande era minha credibilidade nos círculos africanos. Foi um acontecimento. A Salle Liard, com seus dourados e suas pinturas alegóricas, acolhia um grande público, que lotava o lugar até a porta de entrada e era quase totalmente composto de pessoas negras. Já não se tratava do local de duelos acadêmicos cerimoniais ou consagrações mundanas, mas do local de uma fervorosa assembleia de estudantes africanos que compareceram para ouvir a palavra do seu guia e assistir à sua consagração. A banca ao fundo do anfiteatro, na pequena plataforma de repente privada da distância que a torna lugar de autoridade universitária, parecia perdida naquela multidão, sem qualquer distinção nítida entre eles. Surgiam gravadores de todo lado. A plateia aguardava, queria que a defesa fosse incontestável, desejava uma coroação, e apenas o sorriso contagiante do doutorando contrário às objeções, segundo ele inadmissíveis, rompia uma vez ou outra o silêncio. O anúncio solene da atribuição do título de doutor em Letras e Ciências Humanas ao senhor Cheikh Anta Diop aliviou o clima de uma vez por todas. Foi uma apoteose acompanhada de uma gritaria sem precedentes, o nobre lugar nunca tinha acolhido algo semelhante.", *Conjugaisons*, p. 242.

Pele negra, máscaras brancas.[12] Neste livro fundador, que se tornou referência para muitos e impregnado da fibra césaireana da raiva sublime, Fanon denuncia em termos quase psicanalíticos as raízes ocultas do mal. Além da pertinência da argumentação, há a coragem do pensamento a contrapelo, incorruptível em sua busca por justiça. Os resquícios da dominação colonial, os complexos inconscientes, sua persistência através do faz-de-conta de relações em teoria "livres", mas sempre assimétricas, tão brilhantemente expostas, conferem à acusação de Fanon contornos irrefutáveis. Fanon inscreve sua linha na mesma empreitada que seu companheiro senegalês e amplia o campo de reflexão sobre a urgência decolonial. Se torna uma escola e um profeta, cujas intuições em *Os condenados da terra*, outro clássico, se tornam um paradigma muito mais geral sobre a existência de bolsões de sobrevivência da infraestrutura colonial, secretos, quase inconscientes, cujos conteúdos devem ser desbloqueados para que se possa aspirar a um amanhã emancipado. Uma diferença a ser destacada com relação a Cheikh Anta Diop, é que Fanon sempre oferece páginas inclusivas. Seu universalismo irrefutável resiste a todas as tentativas de redução e de recuperação, uma vez que sua visão panorâmica não essencializa o "Negro". Ele não lhe perdoa nada, não o santifica, nem o transforma em vítima eterna da História. Precauções e sensibilidades, nuances e radicalidades, que se tornam quase proféticas na conclusão de sua obra mais importante sobre a alienação, cujo refrão continua um viático contra qualquer ordem de sectarismos. Apesar disso, Fanon não deixará de ser alvo de pensadores

12 FANON, Frantz. *Peau noire, masques blancs.* Éditions du Seuil, 1952. [No Brasil: *Pele negra, máscaras brancas.* Tradução Sebastião Nascimento e Raquel Camargo. São Paulo: Ubu, 2020. (N.T.)]

que o condenam por seu marxismo desencarnado[13] e infundado, e por uma visão da África marcada por preconceitos. Mas, devido a um mal-entendido bastante vigente, este Fanon é privado dessa visão totalizante. Tudo o que os ativistas e militantes conservam dele é a acusação da alienação, que serve a um programa acusatório.

Em última instância, com embaixadores tão renomados — e aqui, não seremos nada exaustivos —, a acusação se beneficia, desde o princípio, tanto de instigadores de grande envergadura quanto dos privilégios do contexto histórico. Assim, ela se baseia em certa pertinência, ou até mesmo urgência. De fato, esse período crucial é marcado pelo achatamento das estruturas que regem a vida comunitária, pela violência física e simbólica, pela ascensão da dominação, pela inferiorização através do racismo e pela desapropriação das temporalidades. Tudo isso perpetuado, entre outras coisas, por meio do sistema educacional. Portanto, isso leva a um esmagamento completo, imputável à época colonial, que gera, por sua vez, uma necessidade imperiosa de redefinição dos termos da alteridade. Desta feita, a emancipação total é mais do que necessária. A luta, incontornável, precisa de soldados inteiramente mobilizados para triunfar, sem engajamentos pela metade. Nesta perspectiva, identificar os elementos ambíguos tem suas vantagens. Identificar os alienados, os inimigos internos, os obstáculos para a revolução em curso é inestimável. A salvação deve obrigatoriamente seguir por esse caminho.

A colonização como fato administrativo e presença burocrática não é, contudo, a única condição para a influência e a tutela das sociedades colonizadas. Qualquer colonização, não obstante sua parcela de violência real e

13 DIENG, Amady Aly. *Les Damnés de la terre et les problèmes d'Afrique noire*. Présence Africaine, 1967/2 (n. 62), p. 15-30.

simbólica, para prosperar, precisa de uma forma de diligência, alternâncias locais, cumplicidade tanto entre os líderes e as elites quanto de um elemento mais inapreensível, uma parte de atração e de reflexo para as populações. Este processo de "deslumbramento"[14] cria uma forma de vínculo, variante *soft* da síndrome de Estocolmo, que permite que todo dispositivo institucional de ocupação se perpetue e permaneça, para além de seu mandato efetivo. Por consequência, abolir ou desarticular essa presença não significa mecanicamente o fim de seu poder. As condições de convivência, portanto, foram menos pensadas, menos refletidas e exploradas do que as de *ruptura* total, muito mais cativantes, mas também mais ilusórias, e que o desejo logo se transforma em ilusão. Este é um dos aspectos impensados da empreitada iniciada por Cheikh Anta Diop ou Fanon. Ela não chegou a antecipar — *não tinha como fazer isso* — as relações pós-coloniais e sua natureza plural, complexa e remodelada pela história. Assim, a superestrutura colonial sobreviverá aos grandes pensadores e às independências em novas expressões no seio de um espaço renegociado de diálogo e conflito, encarnado, entre outras coisas, pela diáspora. As redes permanecem, apenas sofrendo mutações. Os laços se tornam, se não umbilicais, pelo menos carnais, para o bem e para o mal. A ruptura preconizada é substituída pela convivência, ora conflituosa, ora cúmplice, entre ex-colonos e recém-independentes. Em sedição nítida, as elites e as populações se mostram decididamente desalinhadas em sua temporalidade. Ainda mais distantes por uma clivagem muitas vezes bastante reduzida, a da diferença de classe e seus corolários: a divergência de ótica, de interes-

14 TONDA, Joseph. *L'impérialisme postcolonial. Critique de la société des éblouissements.* Karthala ("Les Afriques"), 2015.

se, no altar de uma fragmentação comunitária inerente a qualquer cultura.

A ESTRANHA VITÓRIA

A acusação, neste caso, equivale a culpar um adulto que havia contraído uma primoinfecção na infância por não ter se tornado tuberculoso na idade adulta. Pois, como os próprios defensores dos estudos pós-coloniais admitem, eles devem muito não apenas à *French Theory*, como também, e sobretudo, às correntes intelectuais, literárias, artísticas e políticas que abordaram a questão colonial na França dos anos 1950.

JEAN-FRANÇOIS BAYART
Les études postcoloniales, un carnaval académique

Toda a infraestrutura *franco-africana*, tecida de múltiplos vínculos, mas radicada em seus pilares — a escola e o idioma comum, para citar apenas os mais óbvios —, cria uma proximidade, um vínculo siamês, que torna vários intelectuais prisioneiros de sua relação com a antiga potência colonizadora. Consequentemente, como sustentar a acusação nesta vasta região e manter sua credibilidade sem tropeçar no tapete das contradições? Inevitavelmente, isso gera um conflito aberto em que *supostos desalienados* acusam *alienados designados*, duas categorias que, aliás, bebem quase da mesma fonte, por vezes recorrendo às mesmas referências epistemológicas que mantêm elas próprias como fontes continuamente hegemônicas. A sobrevivência dessa acusação em diferentes termos produz dois resultados curiosos.

Por um lado, a vitória do pensamento de emancipação decolonial que se tornou a vulgata aceita e compartilhada, e atravessa vários campos: literário, artístico, civil, político e econômico. Esse pensamento, para simplificar o que se chama de *decolonização*,[15] está em pleno vigor há quase um século, às vezes duramente criticado, mas sempre combativo e, em muitos aspectos, já hegemônico pouco antes das independências africanas. É o substrato comum da nova ordem do discurso do qual extraímos teorias e conceitos para pensar a emancipação, a soberania e o renascimento. Campo semântico específico do período pós-colonial que se tornou um arcabouço universitário sofisticado e se desdobra em várias expressões, sejam elas políticas, intelectuais ou militantes. Esse pensamento ganha envergadura.

Por outro lado, contudo, persiste um mal-estar pertinaz. Como se a vitória simbólica contra a colonização, a popularidade das teses desenvolvidas em sua esteira, a natureza extravagante dos ídolos que gerou não fossem suficientes e mantivessem um gosto de assunto inacabado. Então, por que o pensamento fundador das independências, e tudo o que ele produziu como conquista desde então — voltaremos à essa questão —, não conseguiu se libertar desse lamaçal de conflito permanente? Por que

15 ESCLARECIMENTO LEXICAL A utilização do termo *decolonização* não obedece a uma filiação a determinada escola de pensamento. Está mais próxima da acepção de Georges Balandier, desde quando desvendou a "situação colonial". Em uma grande profusão semântica e técnica nos âmbitos acadêmicos, as palavras *pós-colonial*, *decolonização* etc., podem assumir significados distintos. Portanto, é importante lembrar que a utilização feita aqui opta por um termo genérico que designa a ruptura desejada com o ecossistema colonial, que se expressa e é apreciada de maneira distinta, a depender das escolas, das regiões geográficas e das perspectivas históricas.

parece uma *finalidade em si*, e não um *meio* ou uma busca constante? Essa curiosa situação, de paradigma dominante que não gera, contudo, uma satisfação, cria as condições para a perseguição da acusação. Segundo os acusadores, se o êxito é parcial, a causa só pode ser os alienados disfarçados que se assumem, indiscriminadamente, como líderes africanos dóceis ou intelectuais delicados e conciliadores demais em relação aos antigos colonizadores, que continuam a venerar e por quem ainda advém nosso infortúnio. Qualquer crítica ao Ocidente como "mal fundador", revela em seu próprio âmago uma crítica a mentalidades africanas representadas como o "elo fraco", o vetor patógeno. Assim, um conflito fratricida ganha vida. O suficiente para acreditar na ideia de um poder secreto, quase invencível, que estaria agindo nas sombras para dar continuidade ao processo de alienação. Muitos líderes do continente, intelectuais e políticos, designados como símbolos desde as independências, e muitas vezes contra a própria vontade, não conseguem escapar desse vínculo perverso.

Maquinações e orquestrações imputáveis, entre outros, ao abominável receptáculo que se tornou fetiche de atalhos e lendas: a "Françáfrica". A anedota do ex-presidente da Costa do Marfim, Houphouët-Boigny, a quem devemos a paternidade da palavra, se converterá no ponto de conclusão de todos os debates: o ponto Godwin da Françáfrica, o ponto final da acusação. Termo ao qual Pierre Péan,[16] François-Xavier Verschave,[17] Jacques Foccart (o sombrio conselheiro de De Gaulle) atribuíram uma dimensão articuladora, um conteúdo científico,

16 PÉAN, Pierre. *Affaires africaines*. Fayard, 1983.

17 VERSCHAVE, François-Xavier. *La Françafrique: le plus long scandale de la République*. Stock, 1998.

uma existência política e diplomática. Na dificuldade de identificar todas as causas de uma relação ainda tóxica, a Françáfrica acaba se tornando uma resposta pronta. Embora seu conteúdo seja mesmo real, e de fato foi em grande medida, ele rapidamente é difundido, distorcido e pensado como a caixa de Pandora de onde saem demônios nefastos para o continente africano. Neste esquema, a acusação de alienação é duplicada com a de submissão. Ela então propõe fatalmente, como única solução, as reconciliações com um verdadeiro eu africano, um autêntico inalterado, como condição exclusiva e necessária para o renascimento. Essa busca virginal, apreendida de várias formas, é um mantra entoado com teimosia. Essa busca é a ocupação em tempo integral de vários epígonos de Cheikh Anta Diop, enriquecidos por Fanon e tantos outros. Sua intenção, nobre na origem, pode ser deturpada, se necessário, por emuladores que a convertem em pan-africanismo: um grito de guerra cuja História, grandiosa, longa, bela e transfronteiriça agora não ultrapassa a porção reduzida onde pretendem aprisioná-la. É assim que os defensores diminuem[18] o alcance desse pensamento fundador. Essa ideia de uma África unida, forte, caminhando com passo decidido, impulsionou todo um paradigma intelectual e político da afirmação. Veículo das independências, isso levou a uma redefinição das forças políticas no mundo. Um pensamento de ruptura, de recusa, que agrega todas as atmosferas geográficas do mundo, que se alimenta das injustiças sofridas para moldar os fundamentos dessa nova utopia de um futuro *negro*. Assimilada por vários pensadores fundamentais,

18 Podemos encontrar uma boa perspectiva histórica sobre a dinâmica, a estruturação e a essência pan-africana em BOUKARI, Amzat. *Africa Unite!*. La Découverte, 2016.

construindo passarelas entre a dispersão e a ancoragem com um belo lugar para a África como terra mãe, a ideia seduz, recruta e engloba essa potência de espírito juvenil em gestação. Ela se torna o motor de uma filiação que permanece sedutora. Essa longa história e seu potencial, infelizmente prisioneiros de um endurecimento patológico, no entanto, perderam sua perspectiva de horizonte emancipador e criativo para se enroscar na perdição das acusações. De força propositiva e de criação, a ideia de uma África unida na afirmação foi convertida em uma força de denúncia e reação. A partir de suas raízes, criou seu fóssil. Uma diminuição dessa energia vital internacional que atingiu até seus representantes atuais.

Embora estejam longe de ser os únicos inspiradores, falar de Cheikh Anta Diop e Frantz Fanon é uma maneira de conectar dois centros gravitacionais assíncronos: a África (como epicentro) e a *diáspora* (como extensão) em suas jornadas e buscas comuns. Essa aproximação possibilita ver os dois gumes da faca acusatória em sua relação com a terra de ancoragem ou de projeção. Claramente, esse nicho é fecundo; há nele múltiplos ídolos, mais ou menos marcantes. Mas a compreensão das duas facetas dessa luta permite ver tanto o lado científico e político, quanto o lado intelectual e ativista. Duas variantes que se consolidam como esquema típico da materialização da luta pós-colonial, com avatares atuais: a *busca científica* epistemológica e o *antirracismo político*, entre outros. A África (e sua diáspora) tem o dever de se reconectar com suas tradições ultrajadas, suas línguas marginalizadas, seus sistemas pré-coloniais desarticulados, suas artes saqueadas, seus valores desqualificados, seu gênio sufocado e seu conjunto ostracizado. O continente também tem o dever de se defender por todos seus filhos, discriminados, assassinados pelo racismo, marginalizados nas histórias nacionais ocidentais, vítimas de uma insegurança histórica (Patrick Weil).[19] Todas essas coisas são óbvias, pelo menos no desejo e na declaração. Essa constatação unificadora, por sua verdade banal, não necessita de esforço para convencer e suscitar a adesão, já que tanto as massas quanto as elites são imediatamente conquistadas, apesar dos focos de resistência. Mesmo do lado dos alienados e dos designados enquanto tais — recordemos de Léopold Sédar Senghor, por exemplo —, garantias são oferecidas nesse sentido. À guisa de preâmbulo, mesmo os mais refratários sabem que o sentido da História segue nessa direção, instruídos ainda mais pela notável abertura de Sartre em *Orfeu negro*:[20]

> Então o que então vocês estavam pensando quando arrancaram a mordaça que tapava aquelas bocas negras? Que elas iam entoar seus louvores? Vocês pensaram que iam ler naquelas cabeças, que nossos pais haviam curvado até o chão por meio da força, a adoração em seus olhos quando elas se erguessem?

Para ter uma chance real de ganhar vida, a desalienação (ou decolonialismo) precisa superar o estágio de meras acusações. Seu caráter pessoal, e talvez deselegante, também pode fazer com que não atinjam o alvo, apesar da precisão e da força investida. Portanto, nessa dinâmica,

19 "Les Français souffrent d'insécurité historique", *Alternatives économiques*, vol. 349, n. 9, 2015.

20 Ver o prefácio de SENGHOR, Léopold Ségar. *Anthologie de la nouvelle poésie nègre et malgache de langue française*. PUF, 1948. [No Brasil, este texto está presente em: SARTRE, J.-P. *Reflexões sobre racismo*. Tradução J. Guinsburg. São Paulo: Difusão Europeia do Livro, 1960. p. 105-149. (N.T.)]

é preciso ganhar mais sofisticação, atacar a formação, isto é, a epistemologia ocidental, que constitui o lugar pelo qual transitam a influência e o domínio dos conhecimentos. É assim que a mera acusação de alienação se torna mais encorpada, mais sólida e, como paradigma, é duplicada pela recriminação do "pensamento colonial", para o qual a fórmula pronta está presa em um prefixo: "pensamento *de-colonial*". Sob diferentes formas e fortunas, este pensamento e seus avatares são o parâmetro de medida da figura do intelectual africano. Essa variante se aplica a um amplo espectro, que vai de artistas a esportistas, passando por empresários: em suma, todos que carregam uma certa verdade, desde que ela seja suscetível de atingir o grande público. Este pensamento, dependente da conjuntura, em temporalidades espasmódicas, fomentado por diferentes regiões geográficas, irrigado pelos *subaltern studies*[21] indianos e todo o campo de pesquisa que abriram, se instituiu com graus variados de força, servindo de barômetro para medir a eficácia de um discurso sobre o objetivo comum designado. A partir do momento em que a *situação colonial* — devemos o termo a Georges Balandier[22] — foi desmascarada, com sua colônia de africanistas, seus preconceitos, suas deficiências, e a partir do momento em que foi revelada sua tentativa perfeitamente racista de negação da história, as premissas do pensamento decolonial se impuseram como o paradigma necessário de uma verdade histórica.

Paralelamente, o centrismo ocidental, longe de formar um bloco homogêneo, já estava deslocando o foco

21 CHAKRABARTY, Dipesh. *Provincialiser l'Europe*. Amsterdam, 2000.

22 BALANDIER, Georges. "La situation coloniale: approche théorique", *Cahiers internationaux de sociologie*, vol. 110, n. 1, 2001, p. 9-29.

para o que mais tarde seria denominado *desconstrução*,[23] fruto de um processo mais antigo lembrado pelo filósofo senegalês Souleymane Bachir Diagne;[24] correntes do pensamento, entre outras, críticas à razão ocidental. Esse filão, fomentado por pensadores ilustres que surgiram para observar melhor suas sociedades e sua história, servirá de inspiração mais ou menos consciente para o pensamento decolonial. Com os ecos de uma escola sociológica de inclinação bourdieusiana, uma matriz inteiramente nascida no Ocidente se converte no *corpus* teórico e retórico de uma decolonização combativa. Seja o reivindicando ou negando, em uma lógica de dívida negativa cuja existência acaba sendo recusada para que seu peso não seja sentido. Como forma de autocrítica, vários intelectuais e pesquisadores franceses participaram da eclosão e da aceitação, mediante uma luta árdua, dessa dimensão combativa pela recuperação de uma independência espoliada, ao ponto de eles próprios se tornarem verdadeiros anticoloniais, à imagem de Jean-Paul Sartre ou André Gide, de que são bem conhecidos os laços estreitos de ambos com a revista *Présence Africaine*, fundada em 1947 por Alioune Diop que, por sua vez, já afirmava em seu primeiro número[25] o caráter inclusivo de sua editora. Essa realidade demonstra, sobretudo, que o essencialismo que consiste em ver o

23 CUSSET, François. *French Theory: Foucault, Derrida, Deleuze, & Cie et les mutations de la vie intellectuelle aux États-Unis*. La Découverte, Paris, 2003.

24 AMSELLE, Jean-Loup;BACHIR, Souleymane. *En quête d'Afrique(s): universalisme et pensée décoloniale*. Albin Michel, 2018.

25 "Niam n'goura. Ou les raisons d'être de Présence Africaine", *Présence Africaine*, 1947/1 (n. 1), p. 7-14.

Ocidente como um bloco monolítico e sua reificação são uma análise equivocada. Pois nas fileiras do pensamento denominado "ocidental" surge, se desenvolve e continua a se difundir um pensamento crítico em termos veementes que constitui, no mínimo, uma contribuição essencial para o pensamento decolonial. Foi o que levou Jean-François Bayart,[26] renomado africanista e antigo mentor de Achille Mbembe, a fazer ironicamente uma crítica severa aos estudos pós-coloniais, argumentando que a injunção de aderir a essa causa supostamente nova ignora um trabalho que, ao menos em grande parte, já fora realizado no passado. O emprego da acrimônia de Bayard em seu curto, vigoroso e provocativo ensaio *Un carnaval académique* [Um carnaval acadêmico] deve-se ao fato de que o pensamento decolonial em sua atual expressão na França e na África, que se lançou desenfreadamente em sua busca, omite de modo deliberado, em forma de amnésia voluntária, determinados fatos e aspectos que não convêm à sua narrativa. Na mesma vertente, o texto de Jean Coppans[27] também explora essa omissão voluntária, em uma empreitada cansada dessa nova arrogância. Pois, embora esse pensamento decolonial faça tábula rasa de toda uma parcela dessa pesquisa, alheia às agendas africanas, ele o atropela às custas de uma negação desconcertante: prefere pensar a África em vez de conhecê-la, esmagando nesse processo um *corpus* de conhecimento universitário, denotando um desprezo pelo local, no auge das escansões afetivas. Admitir que,

26 BAYARD, Jean-François. *Les Études postcoloniales. Un carnaval académique*. Karthala, 2010.

27 COPANS, Jean. "Penser l'Afrique ou connaître les sociétés de l'Afrique?". *Cahiers d'études africaines*, 233, 2019.

no campo do objeto colonial, havia pesquisadores ocidentais que também estiveram na vanguarda e desconstruíram o discurso de colegas, acabaria por tornar seu novo ardor uma mera repetição. Resultado: o conflito não nasce da diferença, mas da tentação de uma hegemonia com tendência radical.

Com efeito, é essa parcela radical do pensamento *decolonial* que está emergindo na esfera militante, universitária e antirracista. Ela ecoa, em um quase-maccarthismo relutante ao pluralismo, a antiga acusação de alienação, no sentido de que ela não constrói mais do que uma pequena corrente do pensamento da qual não se deve sair ou se afastar, sob pena de ser considerado adversário, como antes poderia receber a acusação de alienado. Essa diferença entre o pensamento decolonial vigente e o tropismo pós-colonial também pode ser considerada deplorável: o segundo fustigava o modo como o Iluminismo foi utilizado, mas sem condenar a ideia de emancipação, ao passo que é possível perceber no primeiro a vontade de jogar o bebê com a água do banho, ao desqualificar a própria ideia do Iluminismo.[28] Essa incapacidade de se dissociar de uma tentação sectária faz com que os novos acusadores verifiquem o nível de *decolonialidade*, único elemento capaz de garantir a "cura" completa. Desse modo, decolonizamos a esmo a medicina, as artes, o esporte, a arquitetura, as plantas, o resfriado etc, contribuindo para a formação de um rótulo, mais do que de uma ideia, um antídoto de amplo espectro que, ao estender seu império mediante um oportunismo ideológico, revela lacunas diante do entrelaçamento e da complexidade das

28 ROZA, Stéphanie. *La Gauche contre les Lumières*, Fayard, 2020.

questões. Nesse sentido, raramente se afasta do registro do discurso, quando muito, da postura. Nos fatos, que insistem em continuar, não há nenhum impacto, porém, sobre a perspectiva africana, distante e esquecida, cauda de um pelotão inebriado com a própria descoberta, que explora sem pestanejar diante da realidade e, sobretudo, desse real lacaniano contra o qual inevitavelmente acaba se deparando. Nesse grande turbilhão, o continente continua sendo o paciente em torno do qual convergem tantos cuidados, mas cujo quadro se agrava de modo surpreendente, sem que os supostos médicos pareçam compreender a situação.

Nessa trajetória de acusação, diversas contradições surgem para impedir as previsões libertadoras. A primeira questão é simples: a evolução do mundo, suas interconexões, a variação constante das conjunturas, os fluxos migratórios e a mundialização são de natureza a modificar consideravelmente planos e previsões, portanto permitem a entrada de novos dados na equação que redimensionam a questão em outros termos. O segundo questionamento é mais central e profundo: o pensamento colonial e o decolonial, o alienado e o desalienado, frequentaram a mesma escola. Portanto, lustraram as mesmas armas. O pensamento decolonial, pelo próprio gesto de se despojar de uma identidade imprópria preconizada por ele — a refundação de um sistema e a emergência de um novo contrato social —, reivindica, em seu *avatar atual*,[29] a existência de uma figura ancestral, tanto quan-

29 Neste momento, é primordial estabelecer uma distinção entre as perspectivas decoloniais no mundo. Elas não são as mesmas. Há várias escolas, com temporalidades, vínculos, horizontes e sofisticações que são irredutíveis a uma única fundação comum. Trata-se aqui de analisar sua expressividade na África, em particular no campo francófono, com sua vitalidade atual.

to uma nudez primordial, que deve ser redescoberta e, a partir dela, constituir o núcleo da propulsão criativa. Essa ideia, em que o primitivismo, o idealismo e o anticolonialismo caminham em um pacto aparentemente óbvio, pode levar até mesmo o inexpugnável Aimé Césaire a se entregar a algumas facilidades, como apresentar as sociedades pré-coloniais de forma lírica e totalmente distante da realidade:

> Eram sociedades comunitárias, nunca de todos por alguns.
> Não eram sociedades apenas antecapitalistas, como foi dito, mas também anticapitalistas.
> Eram sociedades democráticas, sempre.
> Eram sociedades cooperativas, sociedades fraternais.[30]

Precisamente aí, o recurso ao factual, para além de teorias e extrapolações, é necessário para compreender os erros e até mesmo as imposturas de um olhar preso em sua própria armadilha. Ele denuncia o mesmo que enaltece e quanto mais alto ladra, mais exagera na diligência. Um foco nítido e exaustivo permite observar o cenário africano, em suas relações com a França entre outras, para constatar como o contradiscurso em si mesmo é alienado. O resultado é um ciclo sem fim: prisioneiro de sua própria obsessão, se encontra em um jogo de endurecimento e em uma nuance de radicalidade para ser a vítima de ataque de *setores* mais extremistas que pregam uma ruptura imediata, como o popular Kémi Seba[31] e

30 CÉSAIRE, Aimé. *Discours sur le colonialisme*. Présence Africaine, 1956. [Ed. bras.: *Discurso sobre o colonialismo*, *op. cit.*, p. 26. (N.T.)]

31 ELGAS. "Kémi Seba, The Black Nihilist". *SenePlus*, 2019. Disponível em: https://www.seneplus.com/opinions/kemi-seba-black-nihilist.

sua ninhada de herdeiros, convertidos em agentes de uma contra-história que, infelizmente, bebe da fonte santificada dos acusadores primordiais. Consequentemente, como produto dessa evolução, a pluralidade das ideias é condenada como vítima colateral com o surgimento paralelo de figuras problemáticas, porém veneradas.

A celebração de uma "comunidade do pensamento" que fatalmente impacta a vitalidade das divergências reduz a zero as possibilidades de discussões fecundas, sem sequer estendê-las à diáspora. Esta, que se torna prescritora, arbitra na subversão dos programas de que se torna o elemento perturbador. Um continente inteiro se torna extrovertido, continuando a ser "pensado" apenas segundo os códigos da decolonização. Em última análise, o feudo diaspórico dificilmente pode reivindicar ser o epicentro sem se arriscar a ser, ele próprio, um agente de alienação, sobrepondo a própria agenda ao curso, às urgências e aos desafios de uma África cujas dificuldades não param de crescer, no exato momento em que o pensamento em sua cabeceira nunca foi tão invasivo e hegemônico.

Essa somatória de contradições merece ser explorada. Esta é a ambição deste ensaio, que assume como espectro um tropismo, seja francófono ou senegalês. Aborda uma questão central: a desconexão entre os defensores do discurso dominante e as populações das quais supostamente seriam os representantes ou terapeutas, assim evidenciando a relativa estranheza do conceito decolonial dentro do próprio continente, a não ser que consideremos qualquer antiocidentalismo pavloviano, conforme é generosamente cultivado na África, como parte da matriz, correndo o risco de trair de uma vez por todas a tarefa e seus propósitos. Se observarmos também o estreitamento de qualquer possibilidade real de debate, poderemos compreender a magnitude da desconfiança das populações frequentemente jovens e desocupadas, sensíveis aos discursos conspiratórios e à sua conveniência. Este tropismo do pensamento, por meio de uma obsessão sustentada como garantia de popularidade fácil, colocou o continente em uma fragilidade intelectual, deixando-o dessa maneira a reboque de um programa reativo. Configuração que, na escalada da ruptura, só deveria agradar aos mais radicais e extremistas, arautos da energia que selam o destino de um grupo inteiro. Porém, mais no cerne desta reflexão, é necessário retornar à real presença francesa na África, uma extensão do domínio da Françáfrica que tece uma rede muito mais ampla e densa do que a rápida tramitação dos processos. A alienação, se é que existe, consegue a façanha de alienar também o contradiscurso. O colonizador está no centro de tudo, tanto do que destrói quanto do que brilha. Sua eterna perseguição se torna renda. Infelizmente, não enriquece ninguém além de seus rentistas, mas com uma riqueza suspeita que, com o tempo, revela inexoravelmente sua origem ilícita, sua vaidade e suas contradições assassinas. Trata-se de uma raiva e uma dinâmica do pensamento que aprisiona as mentes do continente em uma febre de *ressentimento* que parece ter atingido seu ápice na época atual. Depois das independências e das avaliações que delas derivaram, chegou a hora de recordar fatos fundamentais para contribuir — enfim — com uma nova ordem de trocas, sem qualquer ilusão.

I
RETRATOS DOS ALIENADOS

ACUSADO, DE PÉ!

Mãe, sou um soldado humilhado
a quem alimentam com gordo sorgo.
Diga-me pois o orgulho de meus pais!

L. S. SENGHOR
"Ndessé", Hosties noires

Um tribunal popular, sem qualquer outra forma de julgamento; seria possível ironizar, não fosse a gravidade do momento. Jurados numerosos e renomados. Um estímulo para a ruptura. Um desejo e uma forte busca. As grandes figuras da libertação espalhadas pelo continente e pela diáspora instauram a base para a decolonização. Suas auras, seus infortúnios, os crimes hediondos que as impedem, como no caso do ativista congolês Patrice Lumumba, entre outros, e o veneno sempre duro da colonização e de sua sobrevivência reconfiguram a paisagem, definindo as linhas, proibindo as dissimulações e exigindo uma clareza do engajamento. Um momento tão precário, mas tão decisivo, deve despertar o impulso. O clima é entusiasmante, a perspectiva clara, o futuro desejável. Em tal contexto, não convém ser o mensageiro de verdades incômodas que rompem a unidade romantizada em exibição. A África se encontra então em um momento em que o entusiasmo da libertação deve estar acompanhado pela virtude da autenticidade. No calor das reivindicações, a ordem do discurso é ainda mais importante do que a das realizações. O símbolo é mais importante do que o fato, a frente única mais importante que as divergências internas. Os heróis africanos não são medidos necessariamente pelo impacto positivo na vida e no bem-estar dos africanos, mas são julgados pela capacidade de se oporem ao Ocidente. Uma vez que o sistema vigente é colonial, os novos arautos não se consideram responsáveis por ele. O resultado é uma busca permanente de ruptura. É preciso vencer o inimigo. Não tem muito a ver com o fato de se dirigir aos africanos, de construir uma alternativa, é preciso interpelar o ex-colonizador para ser ouvido. A questão se torna totalitária. Coexistem agora duas ordens, a vida cotidiana com suas preocupações, a realidade de um hibridismo que, infelizmente, os discursos acadêmicos não são capazes de dissociar, e a vingança intelectual, suspeita de ser herdeira de todos os atributos coloniais tão vilipendiados; daí o surgimento deste cenário quase originalmente condenado a cair em discussões estéreis e perpétuas.

Desde o início, os termos oblíquos e assimétricos do diálogo prometem uma trágica cacofonia. A ideia sagrada é a adesão a esta nova ordem. Suscitar o debate é bem-vindo, mas apenas no seio dessa dualidade, como se para verificar o nível de inserção nos caminhos da mudança.

Muitas escolas de pensamento e sobretudo os prestigiosos acusados pagarão o preço disso. É o caso da *negritude*, corrente de libertação que busca teoricamente o mesmo objetivo simbólico do decolonialismo tradicional. A negritude[32] é uma ideia de afirmação que entoa, poetiza, pensa e lava a afronta colonial. Se espalha como um país intermediário, um viveiro de ideias, um impulso, com suas dúvidas, contradições e desejos. Unifica energia convergentes, se nutre de outros lugares dos *Mundos negros*. Mas isso não é o bastante para esperar que seja isenta de conflitos; nenhuma promessa é capaz de libertar. O movimento logo foi retratado como a própria encarnação de uma forma de alienação, na medida em que seus códigos e seus exotismos reversos, de acordo com os acusadores, não foram longe e com força o bastante para se desvincular do colonizador. A própria negritude, apesar de suas pretensões e da energia demonstrada por seus aspirantes, foi reduzida a um artigo de perfumaria, esmalte de brilho suspeito, sem coluna sólida ou mordaz. Mais uma vez, se verifica um deslocamento curioso, nenhum posicionamento é capaz de te proteger de fato, dando início a uma dança das cadeiras dos réus. O retrato que morde os calcanhares da negritude com ferocidade foi feito por Stanislas Adotevi.[33] Uma crítica dura ao grupo de Senghor, que recebera a unção do primeiro prêmio Nobel africano, o nigeriano Wole Soyinka, e de

32 SENGHOR, Léopold Sédar. "Qu'est-ce que la négritude?", *Études françaises*, vol. 3, n. 1, 1967.

33 ADOTEVI, Stanislas. *Négritude et Négrologues*. Le Castor Astral, 2003.

várias outras personalidades intelectuais, como o escritor nigeriano Chinua Achebe. Lembremos da emblemática alfinetada de Soyinka à negritude, zombando de sua brandura: "Um tigre não sai por aí proclamando sua tigritude. Ele ataca!"

Mas isso não é tudo. Acusada, a negritude, por sua vez, vai se revelar agressiva. Observemos, portanto, esse exemplo curioso: é a mesma negritude vilipendiada pela brandura que vai atacar o escritor maldito malinês Yambo Ouologuem pela suposta insolência e blasfêmia contra a nova vulgata da decolonização. A mesma negritude, ainda, que verá a tríade fundadora — Senghor, Césaire e Damas — cindida: com um julgamento mais clemente para Césaire e Damas, e uma perseguição implacável contra Senghor. Nessa justiça sumária, também constituída de posturas, passa-se de jurado a réu em um piscar de olhos, e todos passam por isso. Desde a origem, com o surgimento desses movimentos, são esboçados os contornos de uma divisão: há um papel do bom e outro, do malvado. O segundo fatalmente recai sobre os menos radicais, que chafurdam em uma *conciliação* repleta de servidão em benefício do Ocidente. Mas a História e a zombaria são boas em pregar peças.

Esse contexto dá origem à disputa entre Léopold S. Senghor e Wole Soyinka. Dois pesos-pesados na escala da História, cujas desavenças foram o centro de atenção naquele momento importante, quase fundador, do ressurgimento da disputa. Um dos primeiros acusados célebres dessa traição é de fato o gramático senegalês e, para piorar a situação, membro da Academia Francesa. Justo ele que coleciona honrarias, medalhas, togas e gratificações das poderosas assembleias francesas e que — sejamos honestos — não sente mais que repulsa pelos colonos. Embora sua obra poética e política, suas realizações como chefe de Estado, sua origem e seu vínculo com sua Joal natal, seus sonhos deponham, ao menos em parte, a favor dele, continua sendo um dos símbolos da sobrevivência da França no Senegal. Nada pode absolvê-lo neste âmbito, nem mesmo as biografias[34] mais laudatórias. Na época da introdução das ideias marxistas nas universidades, com um sólido aspecto decolonial em seu cerne, enquanto estava no poder, Senghor avalia a desconfiança que desperta na juventude intelectual, ávida por cultura e sedenta por emancipação. Ele não a bajula, aterroriza, causa medo e a domina. Seu histórico inclui crimes, detenções e torturas, dos quais Blondin Diop[35] é a vítima mais conhecida. Se indispõe com a jovem elite política formada na França, como ele. A governança do presidente senegalês, aparentemente amistosa, logo assume uma terrível máscara de ferro, reprimindo, torturando, prendendo opositores e marginalizando importantes personalidades intelectuais de oposição. O destino reservado a Cheikh Anta Diop, que contribui para forjar sua lenda à medida que se tornava cada vez mais o favorito de determinada juventude, é a prova contundente de uma crispação e de uma corrida antecipada ao poder que finalmente conseguiu tornar o egiptólogo um mártir por suas ideias. Mártir cuja obra e túmulo se tornaram áreas populares de adoração.

Embora Senghor ainda preserve certa aura entre aqueles que continuam mantendo relações cordiais com a França, seu carisma está diminuindo entre os jovens

34 LANGELLIER, Jean-Pierre. *Léopold Sédar Senghor*. Perrin, 2021.

35 Informe sobre Blondin Diop Omar, por Florian Bobin, *Le Maitron*, versão *on-line*, 25 de agosto de 2021, última atualização em 27 de setembro de 2021. Disponível em: https://maitron.fr/spip.php?article242256

aspirantes a políticos, que não se impressionam com o ativismo estridente e vingativo. O presidente ainda agrada a alguns herdeiros no mundo das letras e das altas esferas do pensamento, condenados agora a celebrá-lo *in petto*, mas para muitos, incorpora — com frases infelizes ou mal-compreendidas, ainda por cima — o próprio símbolo de uma deferência excessiva com relação à França; deferência que atrasa o advento da soberania que as lutas anteriores tinham como horizonte. Ele é o coveiro nomeado. Há também algo a respeito do *estilo de vida* na acusação imputada contra o homem de Joal. Senghor parece ter abdicado ou mantido em surdina qualquer identidade negro-africana, apenas cantada em poemas e desenvolvida em livros pouco conhecidos pelo grande público ou mal-avaliados durante o julgamento. Ele veste, respira e transpira França. Uma identidade de origens não exibida com orgulho o bastante no dia a dia, como traço principal. Essa dissonância constitui uma parte importante da acusação, como a própria imagem de uma negação, do *ódio de si*. Termo que se torna genérico, abundantemente tratado na literatura como característica da figura do intelectual africano. Essa realidade atinge também os seus herdeiros, nos quais podemos notar, na própria relação com a língua francesa, uma forma de vertigem amorosa que os afasta quase mecanicamente da promoção necessária de suas línguas vernáculas e da necessidade de politizar o combate sem se refugiar na arte passiva. O alienado primordial é considerado ainda mais imperdoável porque, não satisfeito de ter impedido que as novas ideias ganhassem asas, ainda se aliou com o carrasco para combatê-las, sem sequer utilizar a esfera suprema do poder para lançar as bases dessa renovação ardentemente desejada.

Essa cesura continua sendo o cisma original no âmago da cena intelectual senegalesa. Daí surgem duas filiações, e a aspereza dessa disputa testemunha um rancor persistente. Uma, a partir de Cheikh Anta Diop, rotulada como pan-africana, combativa, hostil à França, portanto, legítima; e outra, considerada alienada e submissa, que tem, como emblema, aquele sobre o qual pesa a suspeita, Senghor, portanto, ilegítimo. Primeiro e ilustre *acusado*, Senghor, jamais será absolvido. O tempo não roda a seu favor. Sua obra literária, que nunca atacou a França frontalmente, com exceção de alguns poemas marginais e "perdidos", seu romance com esse país que tanto lhe deu, ao qual se soma a totalidade de suas ações políticas, com sua concepção no mínimo precária da pluralidade e da diversidade, além do abafamento de opiniões contrárias: tudo isso contribui para dar força à acusação. Senghor carrega essa marca profunda, continuamente forjada, assim como outros presidentes, seu homólogo marfinense Houphouët-Boigny, por exemplo, ou em vertentes mais caricaturais e bem mais cruéis, o imperador Jean-Bedel Bokassa. Personagens diversos que, voluntária ou involuntariamente, deram sua caução, inclusive sua unção, para a sobrevivência da expropriação. A camarilha dos "pais" da independência dá credibilidade à principal suspeita que assim se beneficia de argumentos irrefutáveis, de tão límpido e simples que tudo parece, com o risco de passar por cima de uma série de fatores complexos. Assim, entre perdas e ganhos, em uma onda devastadora, um grande homem, seu trabalho, suas virtudes potenciais e a extrema complexidade comum à condição humana são julgadas à luz de um único prisma: a potencial *felonia* em relação a um dogma arbitrariamente estabelecido. Seu pensamento se converte assim em uma espécie de erva daninha rasteira que ataca o *deicídio* exagerado.

Embora o homem de Joal tenha mais ou menos escapado disso com o hipotético repouso da morte, os estigmas dessa infâmia se encarnam ainda hoje nas disputas que permeiam sua descendência. Sua obra — imensa para quem se dá ao trabalho de explorá-la sem preconceitos definitivos — evapora, portanto, no altar de sua mudança exclusiva para o campo vergonhoso da *alienação*. Sua hipotética glória só é celebrada em alguns círculos, mais ou menos clandestinos, com seus riscos e perigos. De fato, é muito aclamado na França e em uma parcela da francofonia, mas gostar de Senghor na África é correr o risco de endossar uma parte desse opróbrio, o de ser afiliado, para dizer de modo franco, a um "traidor".

YAMBO OUOLOGUEM E O AFROPESSIMISMO

Se em algum momento me surgiu a questão de ser efetivamente solidário com um passado específico, foi na medida em que me comprometi comigo mesmo e com meu próximo a lutar por toda minha existência e com todas as minhas forças, para que nunca mais houvesse povos escravizados na face da Terra. Não é o mundo negro que dita minha conduta. Minha pele negra não é um repositório de valores específicos. Há muito tempo, o céu estrelado que deixava Kant ofegante nos revelou seus segredos. E a lei moral duvida de si mesma. Enquanto pessoa, me comprometo a enfrentar o risco de aniquilação para que duas ou três verdades lancem sobre o mundo sua claridade essencial.

FRANTZ FANON
Pele negra, máscaras brancas

Os pensadores que não preenchem os requisitos do *intelectualismo nacionalista*, variante mais amena do intelectualismo *identitário*, ou aqueles que não se rebelam contra a França, excluem-se praticamente por conta própria. Assim, depois de Senghor que foi o primeiro, também foram julgados e condenados muitos outros intelectuais africanos. Implacavelmente, diante dos jurados sumários. Eles, que tiveram a infelicidade do livre exercício de seu pensamento fora dos limites traçados pela conveniência, a qual postula o primado comunitário, a preponderância do pertencimento, a soberania do "*nós* totalitário" que deve ser sistematicamente elogiada. Bifurcar, sair desse pacto informal, porém convidativo, equivale a se deportar sozinho para as margens. Indivíduo *contra* a comunidade, em uma configuração dessas, o combate só pode ter como desfecho a vitória da segunda. Muitos estão aprendendo isso da pior maneira possível. Não se trata de fazer uma enumeração exaustiva, o número não é mirífico aqui, a virtude da quantidade é esmagada diante da virtude da qualidade.

Mas, no saldo final, o bando de Yambo Ouologuem — fuzilado logo de início — multiplica-se na solidão. Acusados de cumplicidade com o inimigo, de quem eles, segundo a acusação, tinham adotado os códigos, as roupas, a substância — para desprezar e negar ainda mais os deles — são afastados pela acusação de alienação para fora do campo político e intelectual, em direção à margem de bordas afiadas. O renomado escritor malinês, que já havia demonstrado a envergadura de sua prosa ofensiva ao publicar *Le Devoir de violence* [Dever de violência], não imaginava, na época, o campo de ruínas que estava abrindo para sua carreira. Fere o catecismo dominante, ao apresentar a África como uma terra virginal. Em *Le Devoir de violence*, a dinastia dos Saïfs no império Nakem, cujas aventuras narra em seu romance vencedor do prêmio Renaudot, não tem nada a invejar dos carrascos sanguinários comuns. Na Paris inflamada pelos desejos de liberdade em 1968, o ato de dissidência é poderoso. Ao atribuir-lhes traços nitidamente africanos, o autor opera como uma descarga na narrativa usual da África atacada mesmo enquanto vivia em harmonia, em seu refúgio imaculado. A verve e a escrita explosivas de Yambo Ouologuem lhe renderam um duplo banimento: o primeiro, por parte dos seus, ao contrariar a narrativa sobre a África produzida pelos defensores da negritude e — quem diria? — pelo próprio Senghor; e um segundo, mais tardio, por parte daqueles que o premiaram antes de acusá-lo de plágio, fato que prenuncia sua retirada.[36] Yambo Ouologuem abala, entra na literatura como uma bala de canhão, revê certezas, as revira, vira os postulados do avesso e desmascara as imposturas. Ele acrescenta à panóplia uma força no estilo e teoriza[37] essa linha demarcatória e de recusa de atribuições, considerando-se tranquilamente um *branco* e denegrindo os rótulos carcerários da identidade. O autor e seus infortúnios são convertidos em mito moderno. Em uma época em que o voo literário se esboçava no continente, em que era cantada a nostalgia da *inocência perdida* e os estragos causados pela colonização, canonizados por Cheikh Hamidou Kane em *Aventura ambígua*, o livro do malinês deixou sua marca. Um segundo livro, *Lettre à la France nègre* [Carta à França negra], confirma a fibra eruptiva do jo-

36 ORBAN, Jean-Pierre. "Livre culte, livre maudit: Histoire du *Devoir de violence* de Yambo Ouologuem", *Continents manuscrits* [*on-line*], HS, 2018.

37 NYELA, Désiré. *Les Littératures de la traversée*. Karthala, 2021.

vem autor. Delineia-se uma forma de patrulhamento do *publicável* que recebe a unção da comunidade. A experiência de liberdade de que pôde desfrutar, quando era necessário escolher um clã, custou a solidão para o jovem malinês. Seu fim ocorreu em Sévaré, com um refúgio silencioso interrompido pela morte em 2016.

O caso de Yambo é interessante em vários sentidos: em nosso século rico em confusionismo, ele se tornou um objeto retomado por todos os protagonistas, cada qual aproveitando o que interessa para si de sua obra inclassificável. É claro que as opiniões sobre Yambo Ouologuem são divergentes. O silêncio, que nunca rompeu, ainda hoje dá vazão a diversas fantasias. Após sua morte, sobre seu túmulo, foi formada uma nova associação amistosa, como sempre, pautada em uma comunhão na elegia. A absolvição ocorre por meio de libações lamuriosas. Aqueles que o depreciaram, aqueles que pregavam orgulhosamente a ideologia combatida por ele, aqueles que de maneira oportuna se juntaram a ele em seu retiro para torná-lo um paradigma da africanidade contra a hostilidade genética do Ocidente, todos têm um papel a desempenhar diante desse cadáver mudo que sempre manteve a elegância de não nos mostrar nossa culpa em relação a ele. A magnanimidade depois será conveniente. Assim, a seu respeito, do mesmo modo quando se trata de outros intelectuais que seguiram seu caminho, costuma-se dizer: "Eles queimaram as asas por conta própria". Com a gulodice quase prazerosa de Moussa Konaté,[38] outro infeliz que não conseguiu imaginar seu próprio destino. Portanto, as fogueiras carbonizavam em silêncio. Na solidão, encontraram o refúgio, e no ostracismo, o sa-

38 KONATÉ, Moussa. *L'Afrique noire est-elle maudite?*. Paris, Fayard, 2010.

bor amargo das vitórias impossíveis. Escolher o martírio, podemos tirar disso uma lição, é uma postura, um abatimento, uma exposição que visa um objetivo. Já sofrê-lo é um ato de heroísmo, um sacrifício baseado em princípios. O primeiro alardeia com a fanfarra da exposição. O segundo, muitas vezes, permanece afônico.

Piscadela da História, Yambo Ouologuem foi resgatado em 2021 pelo laureado do prêmio Goncourt, Mohamed Mbougar Sarr, jovem senegalês que na época tinha trinta e um anos, conquistador do Graal parisiense. No núcleo de seu romance,[39] uma investigação sobre os rastros do falecido escritor compõe a trama da narrativa, com o renascimento fictício de Yambo Ouologuem como bônus. O jovem escritor admite suas homenagens, sua admiração, seu fascínio e seu interesse por este escritor maldito. O livro conquista uma posição em Paris, ao mesmo tempo em que teoriza a questão do reconhecimento de outros autores negros ou africanos a partir da posição parisiense. Objeto literário perspicaz e estratégico, no auge da discussão sobre alienação e das acusações, ele a antecipa, supera, tateia, contorna, esgota seu espectro, sobretudo quanto à dualidade entre o centro parisiense das coroações e a realidade da rejeição latente na África a tudo o que é consagrado pelas instâncias francesas. Embora tenha antecipado judiciosamente as bombas que poderiam surgir, não consegue evitar a tempestade que já prepara suas rajadas. Ainda mais porque o sucesso não é uma coisinha à toa, mas um estrondo. Os prêmios de outono franceses estavam abocanhando essa joia, os

39 SARR, Mohamed Mbougar. *La Plus secrète mémoire des hommes*. Philippe Rey & Jimsaan, 2021. [No Brasil, *A mais recôndita memória dos homens*. Tradução de Diogo Cardoso. São Paulo: Fósforo, 2023. (N.T.)]

ditirambos da imprensa aproveitaram para pegarem carona nela, sem sequer fazer uma única crítica negativa. E no dia 3 de novembro no Drouant, lendário restaurante parisiense das consagrações literárias, ele é o segundo autor negro, cem anos depois de René Maran, a conquistar o Goncourt, assim como antes Ouologuem conquistara o Renaudot. Os ecos deixam sem palavras. O símbolo é belo, fala, é evocativo, e tudo isso em uma França em pleno outono zemmouriano,[40] com a promoção de ideias conservadoras e abertamente xenófobas.

Estão aí todos os ingredientes para manchar a reputação do prêmio. Então começa a surgir um burburinho suspeito, de um Goncourt de conveniência, distante das preocupações estritamente literárias que constituíam a essência do prêmio dos irmãos Jules e Edmond. A polêmica, gestada durante todo o ocorrido, eclode de maneira mais intensa com o anúncio do prêmio. Sem a leitura da obra premiada, uma convicção começa a se formar, sobretudo na África e, particularmente, no Senegal: tudo é muito suspeito. O texto, de acordo com leituras raras e, na melhor das hipóteses, apressadas, não teria estofo político: não ataca a França. É uma falha inadmissível! Salientando ainda o fato de que Cheikh Anta Diop jamais fora premiado, o argumento se resume a isso. Esse texto não pode representar os "seus". Pega-se um excerto do texto, uma passagem que é qualificada como pornográfica, recorta-se episódios, converte um personagem mal compreendido em ventríloquo, formulam-se exegeses

40 O autor se refere aqui a Éric Zammour, jornalista e comentarista político que, em 2021, foi candidato à corrida presidencial na França, propondo a união de todo o espectro de direita do país, além de defender abertamente políticas anti-imigração, sobretudo para população africana e muçulmana. (N.T.)

equivocadas e, no puritanismo que abarca a sociedade senegalesa, o filho pródigo se torna um maldito, estandarte reluzente da desculturação.

Síndrome de Senghor por excelência, quando Paris consagra alguém, de acordo com o catecismo pan-africanista, é mera questão de fidelidade ao mestre que recompensa seu devoto. A tormenta é leve em Paris e, apesar do barulho, a maioria comemora e festeja. Mas em Dacar as coisas não tardam em tomar proporções gigantescas. As principais transmissões se envolvem, e vídeos e cortes se tornam um barril de pólvora com a viralização. No entanto, sem haver de fato lido o livro, não há nenhum indício ou material claro para instruir o julgamento e acusar o jovem autor. Então vasculhamos, raspamos e, no final da busca, segundo o murmúrio de Dacar, a colheita é bastante formidável: o livro precedente do autor, sobre a questão homossexual, fustigava a homofobia da sociedade senegalesa.[41] A descoberta é inesperada. Enfim um indício, e dessa vez sólido. O que demonstra que o rapaz é o agente de depravação dos costumes nacionais, marionete talentosa de uma ordem superior, branca e francesa, sempre ocupada em saquear os valores endógenos. Na euforia da perseguição, também é encontrado um texto antigo de juventude do autor, uma sátira picante sobre a diáspora que, em termos pouco elogiosos, zomba do público de uma apresentação emblemática de Youssou N'Dour — o texto tem mais de uma década — e eis que agora ele é acusado de racismo. O ciclo se fecha. As provas mirradas se acumulam, mas fazem a alegria dos juízes abandonados ao *deleite apesar da frugalidade do banquete*. Tudo se

41 Referência ao livro *De purs hommes*, Philippe Rey & Jimsaan, 2018; no Brasil, *Homens de verdade*, tradução de Fernando Klabin, Malê, 2022. (N.T.)

alinha como prova para os acusadores: no mecanismo conspiratório usual, estes elementos independentes entre si formam um quebra-cabeça e, fatalmente, fecham a armadilha destinada a expor a farsa. As descobertas proliferam nas telas e, a partir de 4 de novembro, a história chegou às manchetes; e, com o holofote mundial do prêmio, um frenesi agitado eclode com intenções vingativas. O recém-laureado também acaba por se tornar um acusado de *entente cordiale* com o inimigo, e a consagração tem gosto de algo inacabado, evitado em seu país, desonrado, praticamente banido, reduzido apenas a essa figura de alienado que escreve contra os seus para cair nas graças dos brancos. Sem tempo de saborear, e nem sequer de digerir, a questão se torna nacional, e a projeção internacional caía em uma noite senegalesa que se assume como o extintor da glória de seu produto mais radiante.

Obviamente, é desnecessário encontrar uma prova, o livro não é nada disso, mas a opinião geral ironiza o fato e desconfia dele: é um postulado de origem, os fatos pouco importam, apenas essa percepção forjada há muito tempo deve ser considerada, a de uma suspeita ligada a cada mente, autor e intelectual no Ocidente. Como a consagração *goncourtiana* é o bolo da cereja, nele atuam os venenos de uma sudorese de ódio muito antiga e, infelizmente, mantida de modo cordial como condição de uma pureza fantasiosa. Em *Jeune Afrique*,[42] a acusação ganha ainda mais consistência, com um artigo que dá estofo e densidade a esse julgamento midiático: ele não está isento do mesmo pano de fundo e lança a mesma sus-

42 TIMAL, Umar. "Goncourt, Nobel, Booker Prize... La récompense du dominant au dominé", *Jeune Afrique*, 2021. Disponível em: https://www.jeuneafrique.com/1278310/culture/goncourt-nobel-booker-prize-la-recompense-du-dominant-au-domine/.

peita. O que parecia repulsivo, ao acumular comentários maldosos, inerentes a esse tipo de episódio, de repente se torna mais formal, e é por meio desse formalismo que a velha disputa retorna. De um lado, o gênio é aclamado, de outro, a glória tem um custo muito alto. Nessa estranheza dolorosa, a imprudência se evapora e a essência literária é confinada em um conflito grande demais para os ombros de um jovem escritor, e tudo isso, a despeito da confiança de seu editor, um decolonial reconhecido.

Um dia a história dirá como ele vai sobreviver a essa mordida, se vai abdicar da franqueza para voltar a uma razão maior, voltar ao eixo, acalmar os ânimos, dar garantias e manter sua liberdade. De Yambo Ouologuem a Mbougar Sarr, com diferentes motivos e expressões singulares, o pano de fundo da disputa continua o mesmo, e a acusação também. Ninguém pode escapar disso, a temporalidade não poupa nada, nem ninguém. Toda a infraestrutura literária, construída em uma língua, a das instituições e das honrarias francesas, condena para sempre essa lancinante disputa porque, em última análise, surge a questão da desapropriação dos meios de produção e a necessidade de abrir a questão do leitorado. Embora a reivindicação à universalidade muitas vezes tenha sido o recurso dos incriminados, este recurso perde fôlego em um contexto de reafirmação nítida de ruptura e de uma acusação mais premente do caráter alienante do universal no âmago das controvérsias.

São alienados. Esta é a acusação principal, e é irrelevante a singularidade para a pena inalienável dos casos. Depois de Senghor, que ainda carrega o opróbrio indelével, Yambo, que está saindo dessa não muito mal, embora tardiamente, Mbougar Sarr, para quem a história nos dirá se o vento da discórdia voltará a soprar, e tantos outros, os acusados e seus antecedentes não são os únicos considerados traidores. Além do que, seu pensamento e conteúdo podem levá-los ao banco dos réus. Não basta escrever livremente para ser perseguido, mas disponibilizar narrações sobre a África que se afastam dos cânones novos e laudatórios. Isso é o suficiente para herdar o nome de traidor.

O rótulo para este tipo de livro, que se empenha em encontrar, no cerne dos problemas africanos, causas (também) africanas, será óbvio: *afropessimismo*. Com esse nome, o outro culpado se torna corpo — vago, porém inclusivo —, agregando todos pensamentos considerados depreciativos no continente. O afropessimismo já cheira a enxofre, uma vez que, por meias palavras, também potencialmente significa racismo, pior ainda quando emanado de um "membro" da comunidade. Agora, um lembrete do contexto é essencial. A década de 1980, período em que a vulgata ampliou o seu espectro, marcou o desencantamento subsequente às independências. Ahmadou Kourama havia abordado a questão em termos grandiloquentes em *Les Soleils des indépendances*[43] [Os sóis das independências], dez anos antes, como um profeta. Mas o período caótico, composto de uma série de guerras, de Estados embrionários destruídos, de miséria, de pandemias e de um balanço do decolonialismo pouco reluzente com o fracasso dos heróis que ele levou ao poder, assim como as manipulações criminosas da Françáfrica sempre agindo nas sombras, deixaram o continente em uma situação nada invejável, para dizer o mínimo.

O que leva os jornais ocidentais, em Londres, Washington e Paris, com uma homogeneidade surpreendente, a difundirem manchetes negativas sobre o fim do conti-

43 KOUROUMA, Ahmadou. *Les Soleils des indépendances*. Seuil, 1968.

nente, como uma oração maligna. Já perdemos a conta de quantas delas tinham o tom de oração. *The Hopeless continent,*[44] o mais violento, parece o epitáfio precoce que prepararam para a sepultura do grande cadáver de quem todo mundo tem piedade. Nos gabinetes ministeriais dos países do Norte, pouca atenção é dada a este continente pisoteado e desprezado, laboratório de todas as terapias severas[45] do neoliberalismo que expropriam os Estados soberanos, fragilizando setores chave.

O desprezo colonial é sucedido pelo desprezo pós-colonial, que concede *quitus*[46] a todos os experimentos. O período denominado *ajustes estruturais*, encabeçado por entidades financeiras internacionais à frente do continente, esgota as margens de manobra dos poderes públicos, por sua vez impedidos de conduzir políticas nos setores essenciais à sua maneira. A sanção bastante paternalista se sobrepõe à negligência de dirigentes de Estados falidos. Nessa esteira, o continente é rapidamente ridicularizado e retratado como sem esperança. Um título[47] marca o nascimento quase formal do afropessimismo no âmbito africano, atribuído a Axelle Kabou na década de 1990. A tese de uma *recusa ao desenvolvimento atri-*

44 Exemplo de uma dessas manchetes, publicada em *The Economist*, edição de maio de 2000. Disponível em: https://www.economist.com/weeklyedition/2000-05-13.

45 NUBUPKO, Kako. *L'Urgence africaine*. Odile Jacob, 2019.

46 No âmbito jurídico e financeiro, *quitus* se define como o ato pelo qual uma autoridade reconhece que o responsável pela gestão de uma conta ou de um negócio cumpriu regularmente com sua missão, e o exonera de sua responsabilidade. (N.T.)

47 KABOU, Axelle. *Et si l'Afrique refusait le développement?*. L'Harmattan, 1991.

buível a raízes endógenas também rendeu o banimento da jornalista. Como sempre, o esquema da recepção é o mesmo: de início a coragem é aclamada, mas os debates são logo banalizados e as acusações de racismo, alienação e traição vêm à tona. O livro da jovem camaronesa será retratado progressivamente como símbolo de uma patologia duradoura e sinal da grandiosa lealdade dos intelectuais que aportam discursos que justificam o Ocidente. Embora o risco de uma instrumentalização e de uma recuperação seja real, a força inicial da perspectiva não deve ser contaminada pela suposição potencial. Resultado de cursos, a jovem autora vai desaparecendo progressivamente. Ainda escreverá um segundo livro[48] antes de desaparecer dos radares, reclusa em Finistère, região da Bretanha. Qualquer semelhança com o silêncio de Yambo Ouologuem seria, sem dúvida, mera coincidência. Mas há um fundo comum, uma espécie de ferida de almas gêmeas intelectuais, exceto para escutar as narrativas dos alfinetados.

Doze anos depois, em 2003, um livro alcança maior eco quanto ao rótulo afropessimismo: *Négrologie*[49] [Negrológio]. Stephen Smith, aventureiro precoce do continente, acumula uma série de dados, documentos e pinta o continente em termos tão pouco lisonjeiros que torna impossível a leitura do calhamaço sem um saco de vômito. O livro é um violento requisitório, que não se importa com diplomacia ou indulgência. Com acrimônia e acusação violenta, é um texto de boxeador, lúgubre, irri-

48 KABOU, Axelle. *Comment l'Afrique en est arrivée là?*. L'Harmattan, 2010.

49 SMITH, Stephen. *Négrologie: pourquoi l'Afrique meurt*. Calmann-Lévy, 2003.

tante, ácido, que surge como um epitáfio sem qualquer empatia, enterrando um continente inteiro. Um branco se permitir fazer uma declaração dessas reabre todas as feridas coloniais. Em pouquíssimo tempo, a tese do livro, parecida com a de Axelle Kabou — que ela, no entanto, reforça com um trabalho arquivístico-documentalista colossal — foi duramente criticada. Uma enxurrada de críticas, livros, debates e contra-ataques. Essas críticas deram pouca atenção ao contexto, aos fatos e aos números, com o mensageiro cristalizando os ataques por ilegitimidade e racismo.

O livro foi relegado ao banimento pelo que ele é, e muito pouco pelo que diz, fadado ao desaparecimento sob a náusea generalizada. O subsequente debate manipulado dá origem a acusações formais em livros, fóruns e estudos científicos[50] para provar, não a mera falsidade das afirmações, mas o racismo do autor. Ainda falta a discussão. Stephen Smith, ganhador do prêmio *France télevisions* por esse livro, veterano do Le Monde e do Libération, se torna um pária que vai encontrar uma reabilitação na universidade de Duke nos Estados Unidos, refúgio de onde sai de tempos em tempos para publicar livros[51] que, como o primeiro, recoloca uma peça na máquina das indignações. Base onde convida, da forma mais cômica, intelectuais africanos rotulados de decoloniais. Vai entender!

Portanto, a partir dessas duas obras marcantes, e bem depois do texto fundador de René Dumont, *L'Afrique*

50 CHRÉTIEN, Jean-Pierre ; BOILLEY, Pierre ; BRUNEL, Sylvie *et al.* "Misères de l'afropessimisme", *Afrique & histoire*, 2005/1 (vol. 3).

51 SMITH, Stephen. *La Ruée vers l'Europe*. Fayard, 2018.

noir est mal partie[52] [A África negra começou mal], o afropessimismo é uma corrente vigente e em pleno vigor. Com livros, pensamentos e perspectivas à contraluz. Não é percebido como divergência de ponto de vista, um sopro diferente e necessário para a controvérsia, mas apenas como um traço de racismo e uma alienação, o ressurgimento inconsciente de um esquema colonial que se limita a permanecer como tal. Tudo estaria relacionado a um imaginário contaminado pela origem, a uma autoconsciência ferida, e nada mais. Seria quase possível acreditar que o afropessimismo, dada as paixões que desperta e todos os processos que teve, é uma capela gloriosa, um paradigma mais hegemônico. Mas se observarmos bem, não veremos outras grandes obras que de fato possam ser filiadas a ele, a não ser para classificar apressada e arbitrariamente algumas obras dentro de seu escopo. Poderíamos citar Jean-Paul Ngoupandé,[53] estadista centro-africano que em três livros havia tentado retratar a responsabilidade dos africanos por seu infortúnio. Em maior ou menor grau, diversas obras que criam a narrativa de um continente ferido poderiam figurar nele. Léonora Miano, *Contornos do dia que vem vindo*,[54] Alain Mabanckou, *Lumières de Pointe-Noire* [As luzes de Point-Noire], Ayi Kwei Arma, *The Beautyful Ones are not yet born* [Os bonitos ainda não nasceram], Gaston Kelman, *Je suis noir, je ne mange pas de manioc* [Sou negro, não como mandioca], Williams Sassine, *Le Jeune Homme de sable* [O jovem de areia], Bolya Baenga, *Les Cannibales* [Os canibais] etc.

52 DUMONT, René. *L'Afrique noire est mal partie*. Seuil, 1962.

53 NGOUPANDÉ, Jean-Paul. *L'Afrique sans la France*. Albin Michel, 2016.

54 Publicado no Brasil em 2009 pela editora Pallas, com tradução de Graziela Marcolin de Freitas. (N.T.)

A extensão do círculo sem dúvida seria discricionária e, em última instância, gratuita e sem fim. Um inventário desses esbarra no limite da intencionalidade insondável e, a menos que caia em uma arbitrariedade por meras razões de ampliar o alcance, cada livro permanece soberano em sua verdade, seu gesto, seu compromisso ou descompromisso. Como é, aliás, a acusação dos livros assim rotulados, cuja essência é esquecida para classificá-los apressadamente no campo da desqualificação.

Para sermos mais precisos e situar melhor o epicentro do afropessimismo, poderíamos mencionar sobretudo uma série de artigos, manchetes, blogues e reportagens. Em suma, um ecossistema midiático. Pois, em última análise, o afropessimismo é mais uma construção histórica e exógena, que tem mais a ver com os meios de comunicação ocidentais do que com os literatos africanos supostamente traidores ou que odeiam a si mesmos. Na busca por uma narração exterior, trata-se menos de uma narrativa literária do que jornalística. E, muitas vezes, com a sorte do continente na época, é a expressão da realidade que se destaca, com tonalidades na narração, por sua vez mais crepuscular a depender das igrejas. De fato, é por meio de documentários, reportagens e perspectivas deliberadamente tendenciosas que se conta a história de uma terra africana condenada. Poderíamos invocar amplamente as manchetes de revistas e os esforços dispensados nessa narrativa pouco gloriosa cujos efeitos desnaturalizam a autoestima dos africanos ao passo que já vivenciam traumas. O continente é apresentado apenas mediante a imagem estarrecedora de um caos, influenciando visões e representações. O afropessimismo se torna, inadvertidamente, e por meio de uma identificação equivocada dos responsáveis, uma acusação mal direcionada, uma vez que os intelectuais africanos que olham de frente para o continente são encarados como agentes de propagação de um discurso moral, potencialmente construído com um desprezo racista.

A colisão entre os dois não permite a plena compreensão dos esclarecimentos e das garantias que os autores davam sobre sua probidade. Os debates encurralados ocorrem à margem e, progressivamente, o tratamento da responsabilidade africana nos dramas africanos automaticamente é catalogado como uma forma de "traição". Gaston Kelman, entre outros, sofre as consequências disso. O escritor camaronês, que havia procurado evitar clichês em seu livro de título sugestivo, *Je suis noir, je ne mange pas de manioc* — texto que causou alvoroço —, gradualmente se vê no banco dos réus e dos banidos. No entanto, esse livro que não representa em nada um pensamento radical ou de autoflagelo é, com o tempo, designado como discurso típico de um *alienado*. A sorte do escritor declinaria. Gaston Kelman, afligido pela maldição do afropessimismo, de fato já não existe, simplesmente desapareceu da cena pública. Atingido pelo opróbrio, vivenciou sua extinção.

A tentação de evocar uma forma de maldição, versão exótica do "poeta maldito", sem dúvida satisfaria as categorias místicas ou conspiratórias que os escritores, para os quais a paranoia é um recurso abundante, gostam de se aproveitar. Uma forma enérgica de suscetibilidade para se assumirem como mártires das causas. Não há necessidade de honrá-los aqui, muito menos de condená-los: uma mera constatação factual basta. O afropessimismo — pare de atirar e de fazer lançamentos! — com frequência é mais destinado ao esquecimento do que ser instalado em uma plataforma de lançamento. Todo o discurso o converte em um tempo contínuo de depreciação do continente. É no máximo uma mentira bem elaborada. Pois, ao olhar de fato para a realidade, este rótulo é uma porção reduzida que muitas vezes ganha em profecia o que perde em longevidade e reconhecimento. A falácia que consiste na disposição de atacar os escritores africanos considerados declinistas encobre o fato de que os verdadeiros responsáveis, se é que isso chega a ser considerado um crime, são essencialmente os meios de comunicação ocidentais, centro a partir do qual o continente é narrado através de uma visão bastante estreita das coisas.

Um infortúnio adicional é o fato de que os instigadores dessa narração deliberadamente sombria, observando as evoluções positivas no continente a partir de meados dos anos 2000, estejam finalmente alcançando sua redenção. Isso se produz com uma facilidade impressionante, sem suscitar desconfiança ou ceticismo. Isso será mais bem aceito como ato de nova virgindade, e apenas africanos que tenham cometido o crime de escrever sobre o continente em termos pouco conformes à vulgata dominante após as independências continuarão sendo os culpados. Os meios de comunicação europeus, em sua grande maioria, depois de terem descrito a agonia de um continente sem futuro, são os mesmos que, em meados dos anos 2000, substituem o afropessimismo pelo afro-otimismo, cujo desenvolvimento será acelerado pelo seu crescimento no campo das redes sociais. Para esses meios de comunicação ocidentais, o golpe é quase perfeito. Talvez até perfeito demais. Antes, abutres, entoando cantos *post mortem*, agora, griôs do voo prometido. O cisne renasce mais branco, com a absolvição do passado em uma anistia edificante. Em ambos os casos, as vulgatas carecem de ancoragem no real, a extroversão do centro de transmissão do discurso cria ecos falsos reiteradamente.

As manchetes se tornam mais elogiosas e, no intervalo de uma década, a mudança é quase total. A narrativa se torna profética. Solidamente atrelada ao romance neoliberal em busca de mercado, a África — pouco importa os problemas e sua inalienável complexidade — se converte em uma zona de conquista que desperta embriaguez, disfarçada para atender às necessidades de empreendimentos filantrópicos. Sem dúvida, seria possível enxergar nisso nada mais que percalços do destino, que não são exclusivos do continente, ou um oportunismo que, em última análise, é bastante comum. Só que alguns autores pagaram um preço alto por essa acusação. Enquanto os brancos são inocentados ou se autoinocentam, africanos considerados coniventes com estes mesmos brancos têm a redenção impossibilitada, sem que ocorra às mídias ressurgentes incluir em sua nobreza os esquecidos desse festival de perdão.

Tal como ocorre nas conversões religiosas, essa mudança radical revela um certo zelo e uma falta de sinceridade que felizmente logo é desmascarada. Nas novas mídias, o testemunho de uma empatia prévia pela África tornou-se a condição do novo "africanismo", que afeta até mesmo as ciências sociais: a situação decolonial quase substituiu a *situação colonial*,[55] a ciência busca mais reparar do que esclarecer e, muitas vezes, caímos no abuso típico da reabilitação: a idealização e, às vezes, a negação. Pouco lhes importa sondar as realidades do continente em termos reais, ou mergulhar nelas fora do registro da narração economicamente promissora e humanamente empática. Mesmo nessas novas capelas, se conformam com a acusação original, higienista; e o debate ocorre

55 BALANDIER, Georges. "La situation coloniale: approche théorique", *Cahiers internationaux de sociologie*, 2001.

apenas nas margens. Tomando impulso na necessidade de mudar de rumo na reconfiguração pós-colonial, algo saudável em todos os sentidos, essa mudança de ponto de vista também dá continuidade a um reavivamento da culpa colonial, especialmente na França. Este fenômeno está associado à afirmação de uma faixa das minorias de ascendência africana que exige uma nova narrativa a partir de um combate de afirmação. Então, como esses meios de comunicação, presos entre diferentes imperativos — econômicos, morais e políticos — e alvos de inúmeras pressões, podem se dedicar ao jornalismo em seu sentido mais nobre, com uma ética, sem dúvida com inclinações partidárias, mas que inclui a diversidade e a pluralidade de opinião, e que garanta uma consciência profissional? Este equilíbrio, nos meios de comunicação destinados à África e sua diáspora, jamais será alcançado. Simplesmente porque a postura moral reparadora do afropessimismo, que se incorpora no afro-otimismo, omite o fato de que nenhuma soberania pode ser estabelecida sem estar enraizada no continente. Ele deve ser o epicentro. E para falar por ele, é necessário um fator interno e, idealmente, com seus filhos atuando como atores que não sejam exclusivos nem marginais.

O rótulo afropessimista, com toda a exploração da disputa, é, como todos os considerados culpados *ad nauseam*, uma espécie de monstro sem consistência que não significa nada. Sua estrutura é vazia e, quando necessário, preenchida pelas urgências da acusação. A esse respeito, vale a pena notar a impressionante indulgência em relação aos meios de comunicação afrodiaspóricos, de onde antes surgia o grito alarmista e de onde agora se eleva a sinfonia. A operação de redenção funcionou tão bem que os acusadores foram acometidos por uma amnésia. Os inimigos potenciais de ontem agora se tornaram aliados, importantes para a transmissão da nova vulgata. A África tem departamentos próprios em quase todos os jornais franceses (Le Monde Afrique, Tribune Afrique, La Croix Afrique...), com salas minúsculas onde muitas vezes ocupam um lugar ingrato, com algumas exceções como a RFI (Radio France Internationale), cujo tropismo africano, apesar de herdeiro dos vestígios do audiovisual externo francês — e que não poderia ser mais institucional —, não deixou de transformar sua relação com o continente ao abrir mão do discurso político estatal. É por isso que podemos dar crédito à luta pela independência dos jornalistas e, assim, saudar a comunidade de jornalistas que frequentemente lutam[56] contra a própria gestão, tentada a veicular um discurso mais institucional! Que explicação razoável pode ser dada a esse interesse tão repentino, quase orquestrado, pelo continente? Nenhuma outra região do mundo detém espaços tão exclusivamente dedicados a ele, nem os tigres asiáticos no passado, nem outros países emergentes do BRICS. A indecência de uma corrida pela *africanofilia*, que não se baseia de forma alguma em um interesse novo e jornalístico, mas sim na vontade de vender e de abraçar a tendência, não parece chocar, embora parta da mesma lógica particularizante, gananciosa e cheia de boas intenções. Os arautos de uma voz da África, incluindo os meios de comunicação endógenos, estão sujeitos à concorrência desleal e, potencialmente, ao desprezo. Mas a transformação está feita. O afro-otimismo atual, em seu zelo, revela o esforço de uma redenção um tanto quanto afetada. Se os fatos sempre voltam para fazer pairar as sombras da falta de

56 https://www.france24.com/fr/info-en-continu/20220902-les--journalistes-de-france-24-et-RFI-protestent-apr%C3%A8s-des--d%C3%A9clarations-de-macron.

sinceridade, invocamos então, de modo perspicaz, a necessidade de uma mudança para justificar os enfeites.

Mas o afropessimismo corre o risco de padecer, e isso já começou, da mesma ira que seu antecessor. Ao confundir a intenção com o fato, o prospectivo com o real, se converte, com a eclosão da esfera digital, em um paradigma próspero que faz a alegria do neoliberalismo, que procura narrativas convincentes nas quais amarrar sua busca por lucro e dar-lhe cores tropicais. Apesar de todas as críticas apontadas, é o novo ímpeto da narrativa — ou a variante da narrativa, tão abundante no léxico — que, curiosamente, está sendo decidido fora do continente. Ao postular a necessidade de uma autenticidade e de um renascimento, o afropessimismo se dá ao luxo de se libertar do passado. Assim, ganha apoios inesperados e claramente pode prosperar como uma vulgata reparadora da precedente, ainda que não tenha a preocupação de se ater à realidade, uma vez que contribui para moldá-la e definir seus contornos. É uma dualidade quase filosófica — o real e a realidade, o percebido e o verdadeiro, o existente e o desejado — que muitas vezes fornece verdades infundadas. Mas o afro-otimismo, e isso é o que poderia explicar a garantia de sua longevidade, não é uma pintura "negra" e "sombria", diferente do afropessimismo. Ao lidar com a esperança, ele se torna uma profecia possivelmente autorrealizável, e no culto a um mundo do possível, em que a energia utópica também é usada pelo capitalismo e por sua oferta de possibilidade de prazer, ele se torna *de facto* uma narrativa atraente que pode até mesmo abarcar referências metafísicas ao amor ao próximo como possibilidade de uma vida melhor. Embora o desejo de mudança de *narrativas* seja muito antigo, comum no léxico bastante mercadológico dos *reasons to be* na época do *shaming*, que exige a irrepreensibilidade, a imagem como capital é trabalhada, é cuidada. Portanto, o afro-otimismo oferece uma saída. Apesar de todas as falhas, dá estofo a um velho combate de transformação de narrativa. Em ambos os casos, pessimismo ou otimismo, a expropriação da temporalidade é real. O processo é cíclico. Os mesmos sujeitos retornam, porque eles também, como os adormecidos aquecidos por crisântemos, "não estão mortos, estão na água que dorme."[57]

Mas aqui tudo tem seu lado positivo. Já não é possível imputar ao afropessimismo, que se tornou a vergonha do discurso, o presente paradigma. É um culpado a menos e, como vimos, seu reino real não se compara às atribuições desproporcionais feitas a ele. A designação equivocada dos instigadores da narrativa pessimista, portanto, contribui para a condenação das crianças africanas, cujo pertencimento à comunidade foi negado sem qualquer forma de debate ou julgamento. Isso já era o prenúncio do estreitamento do campo de discussão, em que qualquer pensamento que encarasse a África de frente era rotulado abertamente. Além de esvaziar a controvérsia intelectual tão necessária para se testar ideias, essa hemiplegia empobreceu o campo e reduziu as disputas a posturas morais e higienistas, enquanto, ao mesmo tempo, a África enquanto continente vivencia seus problemas que apenas oscilam em graus, mas cuja natureza permanece, por sua vez, profundamente enraizada, porque jamais foi aprofundada com rigor na dolorosa desalienação de si e dos clichês dos quais se apropriou.

Também permanecem aspectos residuais da acusação, que já não visa apenas intelectuais como também uma

57 Verso do poema "Souffle", do escritor e poeta senegalês Birago Diop, presente no livro *Leurres et lueurs* (Présence Africaine, 1960). (N.T.)

grande massa de pessoas, ideias e representações suspeitas de estarem em má companhia. Com essas pessoas se constitui a alta sociedade. Ela traça um grande perímetro, à força, com a amputação de suas asas. A acusação pode recair sobre qualquer um, a imputação de alienado! Em sua arbitrariedade limitada, abate de maneira indiscriminada. A generosa acusação lota os bancos e os banidos do tribunal. Para os meros mortais, é ainda mais inquisitorial: perseguidos por suas vestimentas, seus pensamentos, sua língua, seus estilos de vida, suas crenças espirituais e morais, e suas produções, nenhuma possibilidade é oferecida a essa massa díspar de divergir dos cânones preestabelecidos do tropicalismo no continente e nas diásporas. Poderíamos considerar aqueles que não seguem as linhas estipuladas como independentes, iconoclastas ou livres? Poderíamos tentar considerá-los ingenuamente como expressões da pluralidade de ideias? Não. Alienados! A lâmina da guilhotina, sem mais delongas, cai. E, como sabemos, as condenações morais e midiáticas são mais cruéis do que as judiciais. E o que é mais grave, elas não permitem a remissão ou reabilitação em caso de erro de julgamento.

SOFISTICAÇÃO EPISTEMOLÓGICA DA ACUSAÇÃO

Os *estudos pós-coloniais* se preocupam menos com práticas, que poderiam ser documentadas por um trabalho de campo ou de arquivo, do que com discursos e representações a partir dos quais dissertam, e inclusive extrapolam, de maneira muitas vezes abusiva. Como resultado, ficam restritos ao conceito catastrófico de "identidade", reificando uma condição pós-colonial à qual conferem um estatuto quase ontológico, de acordo com uma espécie de calvinismo tropical ou diaspórico: colônia e escravidão são a predestinação dos indígenas (e de seu senhor). Ao fazê-lo, os *estudos pós-coloniais* se afastam do campo científico *stricto sensu*, permanecendo prisioneiros das próprias premissas.

JEAN-FRANÇOIS BAYAR
Les études postcoloniales, un carnaval académique

Poderíamos tentar avaliar agora a verdadeira força dessa acusação multiforme. Seu caráter não oficial — sem filiação a uma entidade política ou institucional específica — não faz com que ela seja destinada, contudo, a ser mais uma acusação banal, possivelmente marginal. Seria um equívoco acreditar que, por ser rasteira, a acusação de alienação seja menos venenosa. Todos os segmentos políticos e intelectuais estão convencidos da ideia de que ainda existem "traidores" em atividade. Isso é sussurrado e às vezes falado tanto em lendas urbanas, quanto em estabelecimentos de ensino. No caso da África, com a grande desconfiança das populações contra governantes considerados coniventes com o inimigo colonial, a ideia da existência de uma "casta secreta" ganha força e germina. Se alimenta tangencialmente de teorias conspiratórias que reduzem a complexidade das situações, fornecendo uma leitura consumível das questões para populações que buscam rejeitar sua responsabilidade. Transitando de esfera em esfera, a acusação ganha popularidade e se torna um ponto de encontro simplista, uma encruzilhada onde tudo se reúne, tanto o bem como o mal. Mas a ideia predominante e unificadora surge como centralidade. Até mesmo as ideias inteligentes e relevantes são contaminadas pela suspeita generalizada de uma proximidade duvidosa e, consequentemente, desqualificadora.

No campo intelectual, a busca por uma ciência potencialmente africana, missão inicial da prestigiosa Codesria,[58] foi feita com a contribuição de muitos pensadores do continente e da diáspora. Sua estrutura transcontinental representa a materialização de uma vontade de emancipação mais efetiva, atacando a raiz *espistemológica* da perdição. Ao descolonizar as ciências, ou pelo menos tentar, busca criar um precedente no campo das ideias. Mas a aventura encalha em contradições inextricáveis. Ainda hoje, além de seu real valor e de ponta como centro de pesquisa pan-africano, não se pode atribuir à entidade nenhum ganho palpável de sua busca. Uma *ciência africana*, a despeito de todos os contorcionismos, continua sendo uma vontade otimista, a vaidade de um descentramento que, por meio de ciclos sucessivos, acaba mordendo a própria cauda e retornando ao seu epicentro original. O campo do pensamento não é o único a ser atravessado por essa busca de autenticidade. No panteão dos heróis pan-africanos também vibra a raiva que alimenta as novas gerações. Os crimes políticos que atingem ativistas e políticos de destaque, desde o congolês Patrick Lumumba ao burkinabé Thomas Sankara, e a persistente trajetória opaca que os cobre, contribuem para instaurar de forma homogênea e acertada a

58 AMSELLE, Jean-Loup. "À la recherche d'un paradigme africain dans les sciences sociales", in *L'Occident décroché. Enquête sur les postcolonialismes*. Stock, Paris, 2008. [Codesria — Conselho para o Desenvolvimento da Pesquisa em Ciências Sociais em África — é uma instituição fundada em 1973, que tem como objetivo fomentar pesquisas em ciências sociais na África, mobilizando pesquisadores do continente em uma perspectiva que corresponda às necessidades africanas. (N.T.)]

ideia de forças mais ou menos ocultas atuando no continente. Com tantos elementos poderosos sedimentados na opinião pública, a acusação ganha corpo e se adensa. Em um contexto como este, a tentação binária nunca está longe: a lógica é identificar claramente quem são os inimigos e quem são os amigos. Ao se desenvolver dessa forma, a acusação afeta todos os setores e, no entanto, por não ter filiação oficial, permeia todos as áreas, como elemento central de apreciação, com o risco de carregar o ressentimento como energia vital, conforme explorado pelo pensador camaronês Jean-Godefroy Bidima.[59]

Então, o que importa de tudo o que foi conquistado? *Pensar contra si mesmo, a premissa da introspecção, o suplício do espelho*, todos esses requisitos intelectuais básicos são deixados de lado pela fúria acusatória, considerados como acessórios. A urgência está na união, mesmo que construída à base de mentiras. É preciso uma linha de frente com fileiras apertadas. A alteridade designada como potencial culpada oferece conveniências. Em suma, é preciso se encaixar em um molde para gozar do privilégio da comunidade de pensamento cujo esboço está se formando. Pensar como os outros ou, pelo menos, no limite do que é tolerável. A contradição só é admitida se ela for uma nuance que se encaixa em um paradigma cujo espectro já está delimitado. Celebramos, portanto, e sem nos darmos conta, o monismo ideológico. Industrializar o pensamento em bloco e comunal decorrente dele e em que as dissidências, mínimas ou inexistentes, passam com um gole de café nas noites de budoar e de sociabilidade intelectual entre bons amigos.

59 BIDIMA, Jean-Godefroy; GARAPON, Antoine. "Depuis l'Afrique. Introduction", *Esprit*, n. 466, jul.-ago. 2020.

Embora os intelectuais ainda conservem algum brilhantismo na acusação e as mentes se adornem com elegância e se fortifiquem com conceitos, esse não é o caso entre seus emuladores e epígonos. Entre eles, em contrapartida, a acusação é acompanhada de violência e fervor popular. Ao transitar nos canais ativistas e no novo paiol das redes sociais, qualquer elegância desaparece em prol de julgamentos sumários, em uma confusão que torna todos juízes, mas também culpados em potencial. A África se torna um continente receptáculo de fantasias e de construções variadas, sobretudo uma projeção que cura as nostalgias, feita de uma extensão da diáspora, da qual se torna uma dependência, e cujos novos arautos autodeclarados ficam ainda mais estridentes, mais enérgicos e mais críticos, simplesmente por se valerem do conjunto de referências moldadas pelos prestigiosos e distintos predecessores. Independentemente do risco de deturpar o pensamento dos mestres acusadores como Fanon ou Diop por suas reduções precipitadas, esse novo pensamento, moderado e (in)digesto, será mais fácil para as necessidades de comunicação. Isso constitui os heróis mais populares do continente, um retrocesso do pensamento e da racionalidade, equiparado à traição, em prol de ativistas de todos os tipos que caçam nessa terra semeada de longa data ideias semelhantes, mesmo que mantenham certo prestígio. Com os novos apoiadores, mais enérgicos, atacando causas vulneráveis, isso se torna um negócio fácil: quanto mais esse impulso radical é enaltecido, mais admiradores são recrutados entre os jovens ociosos que acabaram de desafiar seus governantes na letargia geral. Esse estranho e trágico casamento acaba ocorrendo à margem, entre honoráveis predecessores e herdeiros sectários, mas populares. A armadilha se torna, portanto, diabólica, porque cada vez mais as populações são convencidas dessa perdição e caem na febre de *ressentimento já mencionada*, cuja origem remonta a um passado longínquo. Com a lógica geopolítica da recomposição dos blocos e do jogo das alianças, eles se tornam sensíveis às ofertas de ativismo, que visam o colonizador, assumindo a responsabilidade final, ele e seus aliados intelectuais desacreditados.

Fetichizados em sua unicidade derradeira, martelados pelo virilismo do combate, "a África", "o africano" e sobretudo seu "intelectual" são convocados para entregar a palavra e a escrita que estimulam os remorsos, provocam os ressentimentos, exaltam os orgulhos — mercadorias augustas que os povos que não têm mais nada balbuciam para importunar o tédio. Nesse comércio do orgulho, outros charlatões atacadistas assumiram a liderança: *os sátrapas e os religiosos*. E só Deus sabe o quanto são generosamente cultivados no continente, onde as terríveis mordidas da pobreza redirecionam as populações para os mercadores de esperança e de proteção, além de mistificadores de todos os tipos! Pouco importa o conteúdo dos assuntos, sua tecnicidade é secundária. No conteúdo da questão, o símbolo é mais importante devido às emoções que transmite.

Como prova, podemos pensar na persistente disputa sobre o franco CFA[60] como arquétipo, em que as dimensões econômicas são objeto de um debate intelectual ne-

60 Entre 1945 e 1958, doze países africanos, anteriormente colônias francesas, utilizavam o franco CFA como moeda corrente. Neste período, a sigla era uma abreviação de Colonies Françaises d'Afrique (Colônias francesas da África); contudo, a partir dos processos de independência da região na década de 1960, a moeda continuou sendo usada, mas com outro significado para a sigla: Communauté Financière Africaine (Comunidade Financeira Africana). (N.T.)

cessário, embora radical, mas cujas implicações para as populações são reduzidas a uma mera questão de soberania e ruptura.[61] Na empreitada populista da moda e neste momento niilista de *queima das elites*, de inconformismo, de vingança dos *condenados da terra*, este projeto usa o pan-africanismo como pretexto para agitar as multidões. As linhas de apreciação estão se tornando difusas; a única urgência é a necessidade de se libertar de qualquer apego ao antigo colono, sinônimo de vínculo corrompido. Neste jogo, mesmo os presidentes africanos com baixa popularidade, convencidos de má governança, abandonados por suas opiniões públicas, provavelmente sátrapas mal (re)eleitos, antes acusados de estarem a serviço da França, unem-se a essa palavra denunciadora assim que começam a cair e, curiosamente, tornam-se, como que por uma intervenção do Espírito Santo, "heróis pan-africanos". A fórmula é tão simples que acaba se tornando sua operação favorita de resgate da virgindade, sobretudo no caso dos mais perversos. Basta articular este discurso para conquistar a simpatia de populações que rapidamente se esquecem dos erros do passado, desde que o Ocidente seja apontado como *a causa* do desastre e, se possível, a causa *principal*. Poderíamos citar vários exemplos lamentáveis, como o presidente da Gâmbia, Yahya Jammeh, que antes de sua queda adotou uma postura decolonial islâmica! Mas também durante a crise da Costa do Marfim, a fibra patriota e pan-africanista instrumentalizada por Laurent Gbagbo, presidente do país e inúmeros intelectuais que os fomentaram, inconscientemente ou contra a própria vontade.

61 TINEL, Bruno *et* al. *Sortir l'Afrique de la servitude monétaire: à qui profite le franc* CFA*?*. La Dispute, 2016.

Contudo, quando se trata de bajular o povo e seus instintos, os intelectuais sempre perdem. Eles não dominam os códigos. São derrotados em termos de credibilidade por aqueles que são bem mais talentosos do que eles quando se trata de dominar os mecanismos de manipulação de massa. Sempre lhes falta o fôlego populista, de tão preocupados que estão em dar um lance maior. Mesmo assim! Isso ainda não parece incentivá-los a mudar de perspectiva ou a incutir uma dose de moderação. Atormentados por resgates duvidosos e pela realidade de posições compartilhadas com aliados embaraçosos, os acusadores que ainda detêm a paternidade de teorias e conceitos já não podem recuar tanto. Entre esses intelectuais, podemos constatar desenvolvimentos interessantes em Théophile Obenga, cujas recentes publicações estão longe de ser as mais inspiradoras (*Pensamentos em pedaços*).[62] E, para brincar um pouco, pode-se dizer que o brilhante pensador congolês Théophile Obenga faz um *continuum* com Sassou Nguesso, de quem se tornou conselheiro. Yahya Jammeh, o ex-presidente da Gâmbia, não se isenta de criticar a Commonwealth[63] e de citar a sumidade literária queniana Ngũgĩ wa Thiong'o, fazendo-se de aedo da decolonização, ao revogar a língua inglesa. Para esses intelectuais, às vezes é necessário pactuar com aliados nem sempre recomendáveis e sobretudo contra a própria vontade.

62 OBENGA, Téophile. "Le débat: pensées actuelles en miettes", *Présence Africaine*, 2014/2 (n. 190).

63 A Commonwealth of Nations (Comunidade das Nações) é uma organização formada por 56 governos que têm algum laço histórico, político e cultural com o Reino Unido. Os laços que unem essas nações com os britânicos têm relação com a colonização ou a ocupação desses territórios pelos britânicos. (N.T.)

Não é de modo algum abusivo considerar que, com os temas que dominaram a cena, com pontos de vistas, com essa perseguição e acusação, houve aí uma coalizão de circunstâncias, objetiva, entre religiosos, tradicionalistas, ativistas e intelectuais. Ao desqualificar a diferença, ao equipará-la inteiramente, ou quase, ao ressurgimento da colonização, ao perseguir o alienado, foram criadas as condições para uma caça às bruxas, provocando uma rejeição, da qual os conservadores já tinham se considerado os aedos: explicar qualquer conquista e qualquer reivindicação de igualdade não significaria mais do que um escoamento dos males ocidentais que se tentava impor à África. Essa estranha homogeneidade revela as porosidades e os perigos do emprego de discursos fáceis. Ao oferecer aos povos discursos que os exoneram, fornece um kit explicativo simplista, e o ganho a curto prazo é medido em termos de emulação, mas a longo prazo são semeados elementos de um novo caos, porque uma consciência moldada desta maneira não está habituada à lógica da discussão acadêmica, mas à da busca por inimigos. Ao não refrear essa tentativa, que devasta o continente e se concretiza em um niilismo político que desfaz as míseras conquistas dos Estados, recaímos no ciclo tempestuoso de ódio. Os intelectuais que assumiram esse discurso são responsáveis por isso, pois deram aval a um pensamento negligente e vingativo. Poderíamos perguntar, será que de fato se distanciaram? Muito timidamente, se é que alguma vez o fizeram. O aliado doentio apresenta menos riscos que o colono, é tolerável nesse cenário. Se é para conviver com o mal, que ao menos seja o nosso. Essa é a triste saída de emergência. O compromisso com o mal menor. Um raciocínio próprio ao ressentimento e à sua ânsia pelo caos.

A LITERATURA, CAMPO DA ACUSAÇÃO POR EXCELÊNCIA

Essa alienação também pode ser lida no desejo desenfreado de algumas elites intelectuais e artísticas africanas de serem adubadas e santificadas pelas instâncias de reconhecimento ocidentais: academias, prêmios literários e artísticos, grades acadêmicas etc., sendo esse reconhecimento percebido como a única consagração válida. Infelizmente, esse sentimento é compartilhado pelas massas. Muitas vezes um talento só é reconhecido localmente depois de ter sido por instâncias de legitimação ocidentais. Seja qual for a área na qual a inteligência, o talento e a genialidade se expressem sob nossos céus, é necessário um desvio para onde o sol se põe, para ser reconhecido ali.

FELWINE SARR
Afrotopia

Para quem os escritores africanos escrevem? A questão sempre assombrou os atores do livro. Ela é recorrente e muitas vezes surge nos encontros literários tão abundantes na diáspora, como neste momento em que a dolorosa observação sobre a alienação de todo um sistema invariavelmente se repete. A questão é legítima. Mas o que se pode esperar de uma literatura produzida fundamentalmente na França ou no Ocidente, pelo menos as mais proeminentes, além da adoção de códigos, desejos, ancoragem e alcance franceses, e não apenas francófonos? A partir dessa questão, frequentemente caímos na opressiva injunção que, por sua vez, levanta suspeita de um potencial trabalho ruim, a produção sob encomenda. Mas com que propósito exatamente? Para a acusação, a resposta é óbvia, satisfazer os códigos habituais do exotismo e depreciar o continente. O campo literário africano está cheio de pequenas e grandes escaramuças injuriosas, que recaem no domínio da tão necessária guerra intelectual. A propósito, é lamentável o fato de que ela seja apenas um campo de ruínas perpétuas, lugar de enfrentamentos esporádicos, na melhor das hipóteses improdutivos e, na pior, falsos. O que resta são acusações e contra-acusações que invadem e abalam o próprio campo literário.

Assim, em uma versão mais formal, Bourahima Ouattara, acadêmico burkinabé radicado na Suíça, inventariou em um ensaio muito sério o estado do "ódio de si"[64] no romance francófono. Nele estão inclusos inúmeros autores, e não de pouca importância: Alain Mabanckou, Fatou Diome, Sami Tchak etc. Segundo o autor, seus livros carregam a marca do ódio de si, identidade de uma literatura celebrada no Ocidente, justamente pelo fato de acrescentar ao exotismo uma outra dimensão autocondenatória, de modo a agradar o leitorado francês!

Em um excelente e minucioso trabalho de recensão — uma corajosa ousadia —, o autor cita inúmeros trechos de livros e recorda o que constitui a espinha dorsal de seu postulado, que corroboram com essas provas. Observando com mais atenção, Bourahima Ouattara não é mais do que o porta-voz de uma ideia antiga que mantém a literatura africana prisioneira de um centro de difusão que a dilui ou a caricatura. Na impossibilidade de culpar os próprios livros, os autores acabam por se tornar os culpados. São os alvos privilegiados desses julgamentos domésticos de escrita submissa. Ao listar todos os romances francófonos africanos para instruir sua acusação, este

64 OUATTARA, Bourahima. *La Haine de soi dans le roman africain francophone*. Présence Africaine, 2017.

professor atribui à obra a aparência de um processo incontornável em que todos os grandes nomes que tiveram sucesso na França são ridicularizados. O autor vai ainda mais longe, e sua tese não poderia ser mais simples: uma literatura submissa é a condição para o sucesso na França. Ao retratar o continente de forma muito desfavorável, ao reabilitar os clichês voyeuristas e exotizantes que tanto agradam os leitores ocidentais, esses autores conquistam a simpatia dos franceses. Mas a tese não tem tanto fôlego, pois é uma fórmula bastante comum na literatura, sem nenhuma especificidade africana no que diz respeito ao tema: exagero, crime, excesso, sexo, amor, escuridão — levantamento pouco exaustivo — continuam sendo elementos comuns, como aliás lembra Stefan Zweig em sua biografia sobre Balzac,[65] que teve que se "prostituir" para viver. Mas, para o autor burkinabé, com base em segredos de polichinelo do mundo editorial, a busca pelo exotismo estaria sendo fomentada e recomendada. Os originais seriam retocados ou então recriados, procurando alcançar esse objetivo. Seria preciso "torná-los africanos". Ainda hoje, vítima de representações da ordem do clichê e da superabundância de estereótipos, há editoras com perspectivas precisas sobre a "literatura africana", da qual esperam a truculência e a verve como identidade singular e definitiva. Mas esse não é exatamente o eixo da reprovação que postula de modo central *o ódio de si*. Como no julgamento do afropessimismo, a alienação se materializa na ideia, bastante difundida, de que uma certa literatura africana está em conluio com o colono e sua língua, convertendo-se em instrumento patente de lealdade. Poderíamos facilmente ser seduzidos por essa tese.

65 ZWEIG, Stefan. *Balzac, le roman de sa vie*. Albin Michel, 1996.

O Ocidente continua sendo um bastião importante do leitorado africano: não seria um fenômeno inimaginável as editoras criarem produtos feitos sob medida. Mas ao estabelecer a condicionalidade, o argumento parece perder a força, principalmente considerando as evoluções neste meio de alguns anos para cá.

Mas Bourahima Ouattara não está sozinho. A cada década, através de um livro, um artigo ou um novo autor, esse mecanismo da acusação é reacionado. Não é raro que a acusação parta dos próprios autores renomados. Podemos lembrar, por exemplo, do impetuoso Mongo Béti atacando Camara Laye em *Afrique noir, littérature rose*[66] [África negra, literatura cor de rosa]. Crítico mordaz, o autor camaronês atacou violentamente seu colega guineense por causa de sua docilidade. Mais uma vez, o barômetro aqui é a França e a capacidade ou não dos autores de criticá-la. Boubacar Boris Diop,[67] um brilhante pensador senegalês, mestre na arte da acusação (direta ou indiretamente) e com o talento quase venenoso pelo qual é conhecido, também multiplica as escaramuças. Foi um dos que respondeu[68] a Stephen Smith. Censor emérito, como bom discípulo do mais brilhante acusador, Cheikh Anta Diop, às vezes enérgico, às vezes irônico, assumiu a campanha contra o afropessimismo como condição de sucesso no Hexágono. Entre seus alvos mais recentes

66 BÉTI, Mongo."Afrique noire, littérature rose", *Présence Africaine*, 1955/1-2 (n. I-II).

67 DIOP, Boubacar Boris. "Montpellier, la françafrique à bout de souffle", *SenePlus*, 3 out. 2021. Disponível em: https://www.seneplus.com/opinions/montpellier-la-francafrique-bout-de-souffle.

68 *Négrophobie*, B. Diop, Odile Tobner, François-Xavier Verschave, Les Arènes, 2005.

está seu compatriota Souleymane Bachir Diagne, a quem acusa devido à sua docilidade em um acerto de contas[69] que abalou as redes senegalesas, há muito tempo desacostumadas com essas cavalgadas de espadachins! Poderíamos, no entanto, cair na tentação de incluir alguns títulos da jovem carreira de Boris Diop — que imagem transmite *Le Cavalier et son ombre*? [O cavaleiro e sua sombra] —, mas fazer a acusação é uma garantia de não-culpabilidade. Poderíamos levantar uma lista enorme de obras, literárias e científicas, e de teses aclamadas de grande alcance que afirmam o contrário.

No entanto, essa leitura encobre muitas realidades em uma cegueira intencional. Em poucas décadas, as coisas evoluíram. Embora a tese de Outtara talvez contivesse uma parcela de verdade, assim como as acusações de Mongo Béti e Boris Diop, hoje o paradigma é completamente diferente. O luto do afropessimismo foi protocolado, o cadáver está enterrado. Agora é a nova narrativa que condiciona o texto. Aliás, ela não é tão nova assim, pois, desde as independências, todo pensamento supostamente africanista, rebelde e que se insurgiu contra o Ocidente, teve um eco, ao menos na esquerda francesa anticolonial e sartreana, que desempenhou um papel importante na vida intelectual na alvorada das descolonizações com a revista Présence Africaine. Como resultado, qualquer livro que desafie a chamada ordem colonial ou neocolonial causa um estrondo, com a consequente cobertura da imprensa que abraça sua causa. Embora Léonora Miano basicamente deva sua reputação a seu talento extraordi-

69 DIOP, Boubacar Boris. "Bachir Diagne, tu permets?", *SenePlus*, 8 set. 2019. Disponível em: https://www.seneplus.com/opinions/bachir-diagne-tu-permets.

nário, seu último romance, *Vermelha imperatriz*,[70] livro que se inscreve na referida movida *decolonial*, foi aclamado pela imprensa com uma cobertura impressionante. Tanto France Inter quanto Les Inrocks[71] são as novas plataformas que ecoam fortemente essa ideia decolonial, e com razão. Porque a recente vulgata é essa, a hostilidade contra França não significa mais um obstáculo, mas a própria condição da promoção em muitos aspectos.

Além dos méritos estritamente literários, todo o discurso político está sendo incensado por um mundo que é posto na página. Resultado: uma recepção calorosa por parte da imprensa oficial. A mensagem que agora tem a entrada permitida nos prestigiosos meios de comunicação franceses, que continuam a forjar reputações, não é mais a depreciação da África. Ela prescreveu, porque o futuro é doloroso e os erros do passado ainda são recentes. Rokhaya Diallo é entrevistada por Guillaume Erner na programação popular matinal da rádio escutada pela elite, France Culture. A cineasta Mati Diop é premiada em Cannes na idílica Côte d'Azur. Alice Diop é a rainha da Mostra de Veneza. O programa literário televisivo La Grande Librairie recebe em seus dois primeiros episódios Léonora Miano e Alain Mabanckou, sem mencionar France Inter. Boubacar Boris Diop emite suas críticas radicais contra a França no Le Monde Diplomatique, jor-

70 MIANO, Léonora. *Rouge impératrice*. Grasset, 2019. [No Brasil: *Vermelha imperatriz*. Tradução Carolina Selvatici e Emilie Audigier. Rio de Janeiro: Pallas, 2024. (N.T.)]

71 France Inter é uma cadeia de rádio francesa pertencente ao grupo Radio France que compreende France Inter, France Info, France Culture, France Bleu e France Musique. Já Les Inrocks (abreviação de Inrockuptibles) é uma revista francesa fundada em 1986, inicialmente dedicada ao rock e, em seguida, à cultura e à política de esquerda. (N.T.)

nal de referência do mundo intelectual francês. Aminata Traoré é figurinha carimbada no Libération e Nouvel Obs. Todos os novos meios de comunicação dedicados ao continente estão pisando em ovos e adequando sua linha editorial a esse discurso que, por força de uma benevolência calculada, está se tornando asséptico. Editoras históricas de esquerda, como a Maspero — que se tornou La Découverte —, são há muito tempo tribunas privilegiadas para expressar opiniões hostis às narrativas oficiais pró-França e tomam cuidado para garantir que as narrativas sobre a África estejam em conformidade com suas linhas editoriais. É possível explorar seu catálogo sem dificuldades e observar os títulos. Uma infiltração inteligente no universo acadêmico, endossada por importantes instituições de ciências sociais como EHESS (Escola de Estudos Avançados em Ciências Sociais, em português) e inúmeros periódicos, estende uma superfície ampla e prestigiosa, em que são tramadas novas narrativas pós-coloniais. O bilhete de entrada para este prestigioso círculo — mesmo que as mídias "reacionárias" tenham ganhado ressonância ao longo dos anos, elas permanecem restritas, arrastando um opróbrio! Pensemos na Cnews e Valeurs Actuelles — é um discurso distante do afropessimismo, que permite o acesso a esses órgãos de tomadas de decisão. Negar esta nova condição, se limitar a fechar os olhos para qualquer evolução, significa rejeitar uma vitória intelectual, tristemente inoperante, pois não se dedica a mais nada a não ser à invocação de novas raivas. De certa forma, um bom filão em que investir até não poder mais. Com todas essas conquistas, a mudança de paradigmas e o novo tom das narrativas, já não é possível afirmar que as vozes contrárias a uma ordem colonial estejam marginalizadas. Elas até mesmo estenderam seu império aos canais mais estabelecidos e influentes da França. É o mecanismo da *estranha vitória*! Seria possível inclusive comentar aqui o mal-estar e o desconforto de boa parte dos autores, indesejáveis nestes espaços por não sustentarem um discurso que não vilipendie a França. Abandonados pela esquerda, antes seu apoiador natural, não têm mais nenhum espaço midiático, a não ser cair nas garras dos jornais de direita e de extrema direita, que lhes preparam uma armadilha brilhante para uma derrota definitiva. Nesse registro, poderíamos pensar em Kamel Daoud, sem sombra de dúvida progressista, que arrisca sua vida na Argélia, encurralado pelos islamistas, mas que acaba sendo rotulado como "reacionário" na França de forma extraordinária, reveladora de cada renúncia da esquerda, que Jean Birnbaum documenta regularmente.[72] Kamel Daoud foi chamado de racista e islamofóbico,[73] e a esquerda acusadora, convertida a um novo sectarismo, abre mão de suas antigas conquistas. Todos os pensadores africanos que não se encaixam no novo molde decolonial só encontram ressonância em espaços midiáticos e editoriais de direita, desprezando os debates que, antes, eram motivo de honra da esquerda. Para ela, o anticolonialismo se torna um limite intransponível do progressismo, correndo o risco de se aliar a conservadores que ridicularizam ideais básicos. Um exemplo elucidativo: no Médiapart, "discutem" com Tarik Ramadan, mas "debatem" com Kamel Daoud,

72 BIRNBAUM, Jean. *Un silence religieux, la gauche face au djihadisme*. Seuil, 2016; ver também *La Religion des faibles. Ce que le djihadisme dit de nous*, Seuil, 2018.

73 "Nuit de Cologne: 'Kamel Daoud recycle les clichés orientalistes les plus éculés'", Le Monde, 10 fev. 2016. Disponível em: https://www.lemonde.fr/idees/article/2016/02/11/les-fantasmes-de-kamel-daoud_4863096_3232.html. '

se é que debatem. E o jornalista argelino não escreve no Le Monde, nem no Libération, mas no Le Point.[74] Símbolo de uma mudança de paradigma no mínimo preocupante. Ocorre assim um estranho fenômeno de instauração de um privilégio branco que é tolerado porque se baseia em uma convergência de visões políticas. A exemplo do que Césaire denunciava no partido comunista, o fraternalismo,[75] caímos em um maternalismo, com uma esquerda e o conjunto de seu arsenal intelectual e midiático se tornando mais monarquista do que o próprio rei. Ela mata debates oportunos, se deixa levar por certo sectarismo, renuncia a uma parte de seu ideal, por meio da perpetuação deste olhar piedoso sobre sujeitos que é incapaz de considerar soberanos para além da mera condição de vítimas da História. Os movimentos progressistas africanos, que devem estar enfrentando terríveis ameaças, não podem mais contar com aqueles que deveriam ser seus apoiadores naturais, pois essa tutela negocia sua hegemonia em troca de renúncias, cálculos mesquinhos e compromissos que anunciam sua morte eleitoral.

Mas o mal vem de mais longe. Aliás, é fácil entender o motivo: a França tem consciência de ser "odiada" no continente africano por uma parcela das elites locais e de sua base. Nessa era de emancipação, com minorias nascidas no próprio solo, vingadores e vítimas da insegurança histórica formulada por Patrick Weil — pouquíssimo integrada na narrativa nacional —, qualquer relação entre a França e o continente que empreste os códigos de do-

74 Enquanto Le Monde e Libération são mídias ligadas à esquerda, Le Point é uma das maiores revistas semanais da França, conservadora e de direita. (N.T.)

75 CÉSAIRE, Aimé. *Lettre à Maurice Thorez*. Disponível em: https://www.humanite.fr/node/488777.

minação ou do desprezo está fadado a retornar ao remetente com força, como um bumerangue. Ela, portanto, se adequa à nova atmosfera. Nos meios de comunicação, no auge dessa renovação, o discurso é filtrado para acelerar o tempo da injustiça social. O objetivo é louvável. As mudanças, urgentes e necessárias. Embora ainda persistam relatos precipitados e refúgios sem muito fundamento, a transformação está em andamento e a vigilância está presente. É importante considerar essas evoluções para o desenvolvimento de inventários mais eficazes. No entanto, uma amnésia persistente parece passar despercebida. Paralisados em suas certezas, herdadas de uma época que já passou, Boris Diop, Rokhaya Diallo, Aminata Dramane Traoré e tantos outros se esquecem do turbilhão das mídias afro-otimistas, que se tornaram legião, e nas quais seu discurso e o de seu campo são agora o paradigma dominante. Os profetas poderiam ter saboreado essa vitória. Entendemos que ela tenha um gosto amargo, mas ninguém é capaz de modificar a história. A realidade é que a narrativa mudou, e se arriscar a escrever um livro "afropessimista" hoje significa enfrentar o veto e a censura. Na última década, não há como citar um único livro acusando a África que tenha tido sucesso. Tanto Boris Diop quanto Bourahima Ouattara poderiam ler, sem restrições e com algum interesse, o que está sendo publicado e o que está sendo dito, e atualizar o *software* de sua raiva que, embora brilhante, não deixa de ser anacrônica.

E basta dedicar um tempo na leitura de livros, comparecer em eventos culturais badalados, para escutar esse lamento, que se tornou tão incômodo: o que é ser um autor africano? Uma questão que se tornou inesgotável, de colóquios a seminários, de conferências a reuniões. Tudo gira em torno dela. Isso porque nunca foi dada uma resposta adequada ou satisfatória? É plausível. Pois bem, mas é possível simplesmente respondê-la? Pode a identidade ser fixada desse modo em gesso e aplicada a qualquer trajetória? Temos que comprovar raça e etnia? Lilyan Kesteloot[76] tentou dar respostas. Amin Maalouf[77] forneceu chaves para obter uma visão panorâmica. A discussão continua, e ela é legítima. As sentenças excludentes, nem tanto. Temos que ser universais? Temos que carregar o estandarte continental? Em um livro publicado recentemente,[78] Souleymane Bachir Diagne e Jean-Loup Amselle fomentam a necessária controvérsia. O velho tema sempre retorna, e não ocorre a ninguém pensar que, potencialmente, se estamos mergulhando tanto e tão alegremente na repetição, é porque a formulação da questão e sua própria conveniência são questionáveis. Costumes de uma época que já passou? Não tenho tanta certeza. As mesmas questões sempre assombraram a cena intelectual. Implacável ritornelo: o que é ser africano? Eis a mística da identidade em seu totalitarismo. É ela que oferece à acusação toda sua potência, sua substância, sua longevidade. É o *checkpoint* necessário para apresentar o salvo-conduto... negro, caso se queira prosseguir a jornada. Todos os debates são articulados em torno dessa questão. Não sofrem nem de exaustão, nem de trégua. Eis a potência do vazio. E a nossa época, louvada por suas emancipações, recupera o fio da meada e retoma a empreitada do seu tricô. A corrida pelo mais africano, que implica exclusões e disputa acirrada, é a rainha das mara-

76 KESTELOOT, Lilyan. "L'écrivain africain aujourd'hui: mise au point", *Présence africaine*, n. 181/182, 2010.

77 MAALOUF, Amin. *Les Identités meurtrières*. Grasset, 1998.

78 DIAGNE, Souleymane Bachir; AMSELLE, Jean-Loup. *En quête d'Afrique(s): universalisme et pensée décoloniale*. Albin Michel, 2018.

tonas. Acreditávamos ter amenizado a carga de ódio e de *ressentimento*. Tudo balela! O ressentimento, eis a versão insondável e bastante real de toda essa energia exuberante das paixões tristes. As contradições indizíveis, não assumidas e, de fato, inextricáveis. Nada muda. É quase filosófico. Somente a pretensão do Homem, a despeito de Camus[79] e sua exegese da revolta, é capaz de acreditar na novidade absoluta, mas estamos condenados às repetições. O incriado é o mito supremo, pois nada do que é terrestre é estrangeiro, puro ou inviolado. Já que o trouxeram, bebamos deste vinho. Com outra virtude, não a da euforia, mas a reveladora.

A INSUFICIÊNCIA DO ENGAJAMENTO E DA LÍNGUA, OUTRAS EXPRESSÕES DA ACUSAÇÃO

[Camara] Laye insistentemente fecha os olhos para as realidades mais cruciais, principalmente aquelas que sempre evitaram revelar ao público daqui. Esse guineense, meu congênere, que foi, como ele próprio sugere, um menino muito vivo, não foi capaz de ver nada além de uma África pacífica, bela e maternal? É possível que Laye, ao menos uma vez, não tenha testemunhado uma exação mínima da administração colonial? [...] O bom senso africano que reprova — também! — a improbidade intelectual exige que Camara Laye se redima. O desafio será fácil para ele, que é visivelmente

79 CAMUS, Albert. *L'Homme révolté*. Gallimard, 1951. [No Brasil: O homem revoltado. Tradução Valerie Rumjanek. Rio de Janeiro: Record, 2017. (N.T.)]

talentoso. Estamos aguardando sua virada, ou seja, o seu segundo livro.

MONGO BÉTI
L'Enfant noir de Camara Laye

Embora a Françáfrica esteja se reinventado e se expandido, como já vimos, seus corolários são a ampliação e as ramificações das acusações de alienação. Já não se trata unicamente de atacar traidores, discurso, sistema ou epistemologia, mas de ir mais longe, de observar os rincões onde essa diabinha da subversão possa se aninhar. A língua e o engajamento oferecem bons exemplos de outros meios pelos quais o julgamento é instaurado. Qual língua utilizar entre os seus, como criar uma comunidade de espírito linguístico, produzir e consumir localmente, aumentar o público leitor, em suma, dar uma essência real a uma prática? Os riscos são altos, até mesmo decisivos. Como a extroversão é parcialmente responsável por esse sentimento de inadequação, o discurso a favor do uso de línguas africanas voltou à tona com força, como algo urgente. Com argumentos irrefutáveis, essa busca que se intensifica expõe uma aberração já há muito aceita: a relegação dos idiomas locais, muitas vezes desvitalizados e pouco traduzidos, os condena a carregar a marca de uma forma de infâmia e de inutilidade prática, científica e intelectual. É devido a essa evidência real de uma lacuna e de uma aniquilação que emerge a questão da língua. Ela logo se converte em um elemento do areópago acusatório, da mesma forma que a insuficiência do engajamento político — leia-se: anticolonial — das obras. Para conquistar os galardões de respeitabilidade, é preciso se engajar, no sentido mais forte da palavra, e compreender a denúncia desse fato colonial e suas múltiplas consequências.

Como sempre, os intelectuais, as artes e a literatura — em suma, o universo cultural — são os primeiros a serem acusados de carros-chefes dessa servidão voluntária. Toda essa casta letrada, abandonada, por exemplo, ao francês no mundo francófono, é suspeita por virar as costas aos valores locais. Uma forma de reprovação não tão nova, mas que carrega as marcas da acusação de sempre, é a falta de engajamento na literatura. Esse engajamento também deve se refletir na escolha da língua de produção, símbolo forte em Ngũgĩ wa Thiong'o e Boris Diop. Tema de teses, de colóquios e de discussões acirradas, o suposto *engajamento* do autor, desde a ofensiva de Mongo Béti, entre outros, não é simplesmente uma questão das literaturas africanas, mas também diz respeito a todos. Lembremo-nos bem do século XIX francês, em que a arte sempre conviveu com a política. Mas parece que se espera mais do *autor africano* um tipo de produção que penetre *ad nauseam* a questão social, tanto do continente quanto de sua condição. Mas, de novo, ele deveria atacar e criticar a França. A inquisição almejava, em maior ou menor grau, obras sob encomenda, e a questão da luta deveria estar no cerne da arte, não como liberdade do criador, mas como seu fardo.

O engajamento como padrão de medida de uma credibilidade intelectual torna-se, portanto, uma maquinação bem calibrada, destinando ao desprezo público aqueles identificados como traidores da causa, como se a arte da escrita tivesse que obedecer a um único caminho. O contrassenso histórico só conduz a uma discussão aparente. Discussão esta que resultou em uma escalada nas produções. Prisioneiros da língua francesa, alguns chegaram a acreditar que deveriam se emancipar dela, introduzindo de maneira crua expressões da língua materna como principal terapia para *africanizá-la* ou mesmo *tropicalizá-la*. Verbo emblemático da decolonização, tropicalizar se aplica a tudo ou a quase tudo: diplomas, gastronomia, língua, um modesto espólio de guerra que se emancipa com o tempero da suposta autenticidade. Isso se tornou um pré-requisito, o desvio obrigatório para atestar uma pitada de africanidade. Rechear o francês com os chamados fluxos africanos desemboca em uma criatividade e uma rebelião que resulta em uma escola da *truculência* rotulada como literatura africana, mas que é combatida porque seria a expressão do exotismo. Vai entender!

Analisando bem, é um curioso "espólio de guerra", porque, na verdade, a centralidade continua recaindo sobre a coisa odiada, reivindicada, o periférico e, *mutatis mutandis*, nós somos o acessório que pretende ser o gesto de dissidência. Os protagonistas desse belicismo literário obtêm suas munições da mesma inconsequência, do mesmo estoque, em vez de assumir a violência da História, cujo fato consumado não é menos corrigido do que o futuro é controlado. Ao recusar uma herança que os torna usuários da língua francesa ou inglesa, ao se insurgirem contra países que lhes proporcionaram grande parte de sua notoriedade, não há como essas disputas não serem circulares, exatamente como as ruínas. Mongo Béti, um dos primeiros ídolos, chegou a ver muitos de seus emuladores bastante esquerdistas brandi-lo como o retrato-robô da figura engajada que serviu de *benchmark* dos bons e maus soldados. Além do caráter precipitado de uma declaração dessas, Mongo Béti se destaca sobretudo por uma liberdade de tom e de escrita, e por sua crítica generosa a alvos variados, como fora antes Yambo Ouologuem. Nos relatos do fim de sua vida, depois de seu retorno a Camarões, após um longo exílio parisiense e normando, chegou a afirmar que *estava errado*, com palavras comoventes. Admitiu ter se deixado levar por um idealismo, típico dos retornados,[80] e que, ao redescobrir seu vilarejo, pouco antes de sua morte, não havia percebido a exata medida da equação. Ele é a imagem da ingenuidade de seu reverendíssimo senhor abade,[81] um clérigo que se comprometeu a evangelizar o Camarões por meio do idealismo e da franqueza, e que confrontou a realidade até ser estraçalhado por ela. Alegoria da própria trajetória do espadachim camaronês, ele também, no crepúsculo da vida, se deparou com a realidade[82] de sua terra, com o desencantamento e as feridas que o exílio tende a fomentar. Assim, nunca foi o porta-estandarte ou o capitão de tripulação de um exército engajado. Isso é confirmado em *Le Rebelle*[83] [O rebelde], coletânea de vários artigos em que a veia combativa do polemista não poupou ninguém e sempre teve o cuidado de se emancipar das modas. Embora ele próprio tenha atirado para todos os lados, sua glória não merece essa escória. É preciso aceitar que, ao abandonar sua cadeira no programa Apostrophes, apresentado por Bernard Pivot, brilhando em seu terno, como bom discípulo de Voltaire, o autor de *Le Pauvre Christ de Bomba* [O pobre Cristo de Bomba]

80 Conforme a Agência da ONU para Refugiados (ACNUR), o termo designa pessoas que tiveram o *status* de refugiados ou solicitantes da condição de refugiado, e que retornam voluntariamente a seus países de origem. (N.T.)

81 BÉTI, Mongo. *Le Pauvre Christ de Bomba*. Présence africaine, 1956.

82 ELGAS. "Le Pauvre Christ d'Akometam", *SenePlus*, 2020. Disponível em: https://www.seneplus.com/opinions/mongo-beti-le-pauvre-christ-dakometam.

83 BÉTI, Mongo. *Le Rebelle*. Continents/Noirs, Gallimard, 2007, 3 vol.

não tinha qualquer legitimidade para conceder unções para rebeldes. Ele foi brilhante, e isso é mais do que suficiente. A injunção para o engajamento é a negação da única e principal vocação da arte da escrita: *transmitir emoções*. E, nesse quesito, qualquer gesto de escrita é engajamento. E o importante é preservar essa liberdade, condição de toda literatura.

O engajamento não é o único fator, há a língua também. Este é o cacoete de Boris Diop há mais de vinte anos e, ao longo de suas conferências ocidentais e africanas, de seminários, colóquios e livros editados na França, interpela seus colegas, os *náufragos* das línguas maternas, agentes do arremate da desculturação. Sua mais recente acusação[84] nas colunas do Le Monde Diplomatique vai nesse sentido, e não podemos deixar de aproveitar a oportunidade. Segundo pesquisas, ficou constatado que nem os vendedores de amendoim do interior, nem os de Dacar haviam lido os livros de Boris Diop traduzidos para o uólofe. Embora devamos reconhecer a beleza e a precisão da frase de Boris Diop sobre "os livros que precedem os leitores", e o fato de que essa literatura em língua nacional não deve esperar por um público leitor, mas sim criá-lo, podemos, por outro lado, nos questionar sobre a velocidade com que isso ocorre. O movimento ainda é tímido e de fato não é possível culpar o autor por isso. A questão da língua é tão importante que não pode ser instrumentalizada para fins de propaganda. O público leitor vai crescer e, naturalmente, também vai escrever em uólofe a partir do momento em que a escola se tornar o santuário de

84 DIOP, Boubacar Boris. "Qui a peur du wolof?", Le Monde Diplomatique, mar. 2017. Disponível em: https://www.monde-diplomatique.fr/2017/03/DIOP/57237.

todas as línguas. Quando uma infraestrutura progressiva de editores, prêmios, prática, instituições, divulgações e distribuição se juntar a essa locomotiva para tornar realidade o advento desse desejo comum. Essa é a primeira condição, já que sabemos que a língua hoje, em sua diversidade, é o principal veículo de trocas sociais, carrega o símbolo cultural e é a sede dos afetos, o coração da identificação. Admitamos que endossar ou sujeitar sua promoção à depreciação sistemática — que supostamente seria *idolatrar* o francês, quando nós mesmos nos afogamos na embriaguez semântica de Molière — é um privilégio da idade. Que no crepúsculo da vida, possamos nos contemplar, apreciar o véu noturno enquanto metralhamos o dia outrora esplêndido. O argumento da proximidade que de fato criaria uma literatura em uólofe no Senegal cai por si só. Não é condição o suficiente. Cheikh Moussa Ka,[85] sublime poeta uólofe, não é conhecido pelos camponeses do Baol senegalês e a leitura não escapa à grade escolar. Não se trata de escrever em uólofe para ser lido, a questão é bem mais complexa. O que de modo algum desqualifica o alcance dessa iniciativa, saudável e urgente, pois sua contribuição para a reconexão é tão importante que não podemos ignorá-la. Apesar dos desafios e do longo prazo indispensável, o futuro exige uma escrita em língua nacional, com a ativação de todas as alavancas. O que continua bastante contestável é a acusação que surge, a instrumentalização para acusar outros de sabotagem, para atrapalhar o projeto porque, no fundo, eles não passam de agentes da língua francesa. Essa é a

85 NDIAYE, Saliou. *L'Ascension et l'ivresse dans la poésie soufie de Cheikh Moussa Kâ*. Disponível em: https://doaj.org/article/aaf650350f60460 8a3ce6fe56fd08c08.

linha demarcatória entre apoiar uma dinâmica virtuosa ou cair em algo mais deselegante. Boris Diop é mais conhecido na França do que entre as massas populares no Senegal. Há maiores chances de ser mais lido no departamento francês de Creuse do que em Kalounayes, no Senegal. Claro, ele não é responsável por isso. A história literária se constitui de modo que é conveniente assumir as partes da própria identidade, inclusive aquelas mais pungentes e menos mobilizadoras para as lutas recentes. Isso é fato consumado. Ele foi um agente da popularização do francês, embora relutantemente em retrospecto, e continua sendo, de acordo com o calendário cultural, um de seus principais atores, um brilhante promotor do francês.

Além disso, a promoção das línguas nacionais não é um tema racial ou étnico. Sua importância crucial acabou se tornando objeto de inúmeras estruturas e instituições, não apenas francesas, demonstrando que, se necessário, uma gramática mais ampla, em escala mundial, poderia acelerar a chegada desse momento. A francofonia entendeu isso muito bem,[86] e se apressou para financiar qualquer empreitada que visasse promover as línguas locais, dando assim o último beijo, venenoso e tão lânguido, em seus detratores, desferindo o golpe final no que parece ser um carnaval de aparências. A literatura em línguas nacionais tampouco estará isenta de tecidos institucionais, academia, edição, do interesse pela leitura, do todo social que cria moda. A língua por si só não significa tudo na arte. Sua importância aumenta dez vezes só pelo simples contato com outros parâmetros da vida literária.

86 Prix Kadima des langues africaines et créoles, da Organização Internacional da Francofonia (OIF). Disponível em: https:// https://www.francophonie.org/node/6985.

Desde o recente *wax populi*,[87] que provocou fissuras no tecido continental, e cuja ascendência holandesa foi milagrosamente descoberta, até as formações linguísticas, os profetas da autenticidade estão confinados em contradições cujos planos eles mesmos elaboraram. No campo de luta preferencial, são subjugados pelo referido inimigo, esquecendo que tanto o capitalismo como as seduções de Estado não se importam com a identidade e que o oportunismo é seu denominador comum. Aposte na identidade, e o capitalismo vai levar a melhor! A interpelação, tanto no jargão policialesco quanto no intelectual, tem todas as características da acusação e da vingança. Boris Diop sabe disso. Ela não tem a elegância da crítica justa quando se disfarça sob as máscaras da amargura ressentida e, sobretudo, quando exibe os vestígios de um mal-estar interno. Toda a perfídia da alienação do contradiscurso se encontra aqui: menos no que é dito do que no que não é dito. Quando as vozes da denúncia se erguem, somos tentados a recorrer a Fanon: "Quando vocês acusam os outros, na verdade, estão diante de seus próprios espelhos". Ele está se referindo aos negros tentados pelo antissemitismo. A língua, aliás, do hurdu ao pulaar, passando pelo francês, carrega em si os vícios da discriminação. O nível de domínio que se tem dela divide usuários entre eruditos e leigos. É um objeto de prestígio. Falar bem qualquer língua confere uma posição de poder em relação aos menos favorecidos. Escrever em uólofe refinado é sinônimo de exclusão, assim como

87 "Comment le wax fait croire qu'il est africain et étouffe les vrais tissus du continent", Le Monde Afrique, 30 dez. 2016. Disponível em: https://www.lemonde.fr/afrique/article/2016/12/30/comment-le-wax-fait-croire-qu-il-est-africain-et-etouffe-les-vrais-tissus-du-continent_5055656_3212.html.

escrever em francês refinado, os mesmos problemas assombram todas as línguas. A virtude do autodidatismo, de forma inclusiva, permite limitar as diferenças e facilitar a circulação. Este aspecto está ausente em todas as análises de Boris Diop, que continua preso ao aspecto simbólico, insensível a outros fatores. A educação, a escalada massiva a nível global e a saída da pobreza econômica serão os únicos indicadores, longe dos encantamentos, de um multilinguismo que deve se traduzir nas esferas decisórias. Porque, no contexto atual, pelo menos antes da popularização da literatura oral, para ler em uólofe, é necessário saber ler em francês! Outro problema, que não é dos menores. Esperamos que todo esse alvoroço não seja um mero elogio à tradução. Que a suposta promoção das línguas não seja apenas uma colagem de cor local, pois isso equivaleria a manter o corpo e trocar de roupa. Isso dá orgulho, mas não é grande coisa. Depois da tempestade, nos reencontramos com o nada.

II
A FÁBRICA DE NOVOS REBELDES

RESIDÊNCIA BRANCA, FÉRIAS NEGRAS

O ressentimento é um delírio vitimista, delírio não no sentido de que o indivíduo não seja uma vítima — que potencialmente é — mas sim porque não é de forma alguma a vítima exclusiva de uma ordem injusta. A injustiça é global, indiferenciada, e certamente o afeta, mas a complexidade do mundo faz com que seja impossível o destino exato ou o endereço da injustiça. Além disso, vítima em relação ao quê, a quem, a que ordem de valores e de expectativas? Por fim, uma coisa é definir-se temporariamente vítima, de reconhecer-se por um momento enquanto tal, e outra é consolidar uma identidade exclusivamente a partir deste "fato" de objetividade duvidosa e de subjetividade certa. Portanto, trata-se mais de uma "decisão" do sujeito, de escolher a ruminação, de escolher o gozo do pior, seja essa escolha consciente ou não — e geralmente não é. Há "delírio" porque há alienação, a não-percepção da própria responsabilidade na queixa reiterada, delírio porque o sujeito não é capaz de enxergar que está no controle do mecanismo de ruminação. Ele se nega a desviar o foco, a renunciar a ideia de reparação, sabendo que a reparação é ilusória, pois nunca estará à altura da injustiça sofrida.

CYNTHIA FLEURY,
Curar o ressentimento

A natureza da relação entre os escritores africanos e o Ocidente é tão complexa que não é inútil mergulhar de cabeça neste desconforto, mesmo que isso signifique revirar feridas ainda abertas. Essa delicada e dolorosa autoscopia muitas vezes é omitida por demandar arbitragens sensíveis e, em diversos aspectos, escolhas impossíveis, até mesmo fatais. É no cerne dessa indescritibilidade que as principais contradições surgem, transformando-se em incoerências ou até mesmo em farsas infelizmente trágicas. Pois esse é o panorama: embora suas raízes sejam africanas, o traço comum de muitos, senão de todos os intelectuais do continente com maior reconhecimento, é que com frequência sua glória é, em grande parte, francesa. A *mínima* francófona, com tudo o que a palavra implica em termos de rebaixamento. É tão edificante quanto divertido fazer um rápido desvio pelos percursos biográficos dos intelectuais africanos mais renomados. Sejam artistas, pintores, escritores ou intelectuais, seu certificado de reconhecimento foi carimbado na França, em um círculo mais amplo, no Canadá, e em um círculo mais abrangente, no Ocidente. Com frequência o continente permanece secundário dentro da dinâmica desse reconhecimento. É fácil, portanto, imaginar a violência simbólica disso.

Assim, os grandes nomes da literatura africana francófona, para nos restringirmos apenas a estes, conquistaram legitimidade não apenas por seu talento indubitavelmente inegável, mas também pela tutela educativa e gratificante da França. Muitas vezes são formados, às vezes assalariados ou vivem dos subsídios dessa generosa rede artística e de suas repercussões. Todos os grandes literatos africanos de língua francesa eclodiram na França. Contexto, podem objetar, e com razão. Mas, cinquenta anos depois, ainda estamos nesta situação, poderiam facilmente contra-argumentar. Opção escolhida nas décadas seguintes. O mencionado país da diáspora é o país do leitor africano, seu público preferido. Ninguém pode emitir julgamentos de valor por uma questão de decoro, mas a constatação se afirma por si só. Foi no Quartier Latin que os contradiscursos foram formulados, no alvorecer das revoltas. Assim, há uma leitura interessante no campo literário: trata-se do livro de Claire Ducournau, *La Fabrique des classiques africains* [A fábrica dos clássicos africanos].[88] Produtores, editoras, redes culturais, orçamentos disponíveis, instituições literárias, não há glória africana a não ser a francesa, com possíveis variações para os universos anglófonos e lusófonos, mas não com a mesma ancoragem francesa. Além disso, a centralidade parisiense é notável, muitas vezes objeto de sérios estudos como o do professor de letras togolês

88 DUCOURNAU, Claire. *La Fabrique des classiques africains*. CNRS éditions, 2017.

Koffi Anyinefa:[89] "A posição dos escritores francófonos é paradoxal, senão trágica. Embora Paris seja para eles, inseparavelmente, a capital da dominação política e/ou literária e, assim como para todos os protagonistas do espaço mundial, a capital da literatura [...], são os únicos que não podem reivindicar Paris como um terceiro lugar[90] específico. Não há nenhuma opção ou solução alternativa que lhes permita, a não ser para uma retirada para o próprio espaço nacional [...], escapar de Paris ou de se valer da cidade para inventar uma dissidência estética." Essa situação de prisioneiro é singular e, de modo geral, condena a gesticulações inúteis. Não que a ironia aqui seja ácida, mas simplesmente factual. Basta dar uma rápida olhada em todos os ídolos literários do continente para constatar que seu bastião de leitores reside em primeiro lugar na França e, mais amplamente, no Ocidente. Eles têm tudo que o continente é capaz de oferecer: berço, interesses, assuntos, reivindicações, arrebatamentos amorosos, afeto, tudo, menos leitores, ou, quando têm, são modestos, sobretudo depois de eclodirem na França. O destino é cruel: os destinatários privilegiados dos livros de autoria africana não são os africanos que, por diversas razões, permanecem excluídos ou então incluídos precariamente. O centro de produção dos livros (aqueles

89 ANYINEFA, Koffi. "Scandales", *Cahiers d'études africaines*, n. 191, 2008, p. 457-486.

90 Em sociologia, terceiro lugar, conceito desenvolvido pelo sociólogo Ray Oldenburg no livro *The Great Good Place* (1989), refere-se ao ambiente social que é separado dos dois ambientes sociais usuais: o lar e o local de trabalho. Esses lugares promovem a igualdade social ao nivelar o status dos hóspedes, fornecendo um ambiente comunitário para políticas de base e criando hábitos de sociabilidade, além de oferecerem apoio psicológico a indivíduos e comunidades. (N.T.)

que são mais reconhecidos e com alcance maior) e toda a rede institucional que garante sua continuidade e divulgação estão fora do continente.

O que acontece dentro do continente é ofuscado por uma sombra que interessa a poucos. Embora manifeste com clareza suas reivindicações por mais autonomia, a elite africana ainda é profundamente baseada em uma relação de estraneidade com o continente. Apesar de sua profusão e vitalidade, essa vida literária interna luta para se expandir dentro de suas próprias infraestruturas e viajar fora de contextos oficiais, e acaba se contentando com essa vida anônima, muitas vezes ela mesma apoiada por instâncias ocidentais, como as redes diplomáticas francesas (institutos, alianças...) ou estrangeiras e a Organização Internacional da Francofonia, para citar os mecenas mais ativos. Os produtos *endógenos* fundamentais vociferam na solidão: à medida em que ela não se encontra nos holofotes ocidentais, seu destino será local, portanto, provavelmente nem tão significante. No fundo, em toda essa ênfase *endógena* — a palavra se tornou um fetiche, símbolo dos abusos semânticos — não desponta nada além de desprezo, ainda mais violento na medida em que é inconsciente, inclusive admitido. O camponês letrado que lavra sua terra e espalha livros com discrição e modéstia nas profundezas do continente sempre estará séculos atrás do chamado intelectual "engajado" que se insurge contra a França nas televisões e nos lares franceses. A depreciação do local decorrente disso é, sem dúvida, impressionante: o continente e sua fragilidade, que nem por isso abriga menos genialidade, tornam-se quase invisíveis por não serem iluminados pela centralidade francesa. A inserção no curso dos acontecimentos locais não oferece recursos para uma irradiação exterior e, mesmo que isso aconteça, é por intermédio do poder francês e de suas diversas corporações — diplomáticas, associativas, econômicas, culturais ou políticas.

A realidade africana só interessa enquanto objeto a ser relatado; por exemplo, o correspondente estrangeiro tem que relatar seu trabalho de campo na matriz. Os jornalistas locais que trabalham com menos recursos financeiros são desdenhados. Atiram neles por todos os lados como símbolo de uma mediocridade endêmica. Não há qualquer empatia com esses condenados, cuja mínima nulidade é rapidamente julgada como sistêmica. Nesse meio-termo, encontram-se os meios de comunicação chamados diaspóricos (RFI, France 24, Jeune Afrique), que ditam as tendências e se tornam referência de credibilidade e rigor de informação. Nem tanto pelo fato de seu vínculo local, mas simplesmente pela reputação histórica de suas redações localizadas em Paris. Desde os meios de comunicação que concedem as unções, até as distinções que fornecem estofo, passando pelos ambientes de vida, sem esquecer a nacionalidade de sua declaração de renda, passemos rapidamente pela dupla nacionalidade, a maioria dessa raça das elites ostenta a bandeira francesa.

Aí está localizado o cerne inesperado da *Françáfrica*, seu epicentro, esse vasto território de interferência, de vínculos afetivos e profissionais que, no entanto, ninguém irá acusar nos julgamentos coloniais em curso. Pois se trata de repetir o refrão do paradigma dominante, para obter certificado de imunidade. Embora possamos destacar espíritos supostamente rebeldes, depositários da *vox populi* autêntica, como o rapper senegalês Didier Awadi ou o cantor de reggae marfinense Tiken Jah Fakoly, artistas mensageiros dessa voz dissidente, a glória deles decolou com o brevê de certificação das Descobertas da RFI. O prêmio é concedido por um concurso realizado em Issy-les-Moulineaux, em que competem inúmeros artistas jovens do continente, milhares deles a cada ano. O prêmio se converteu na catapulta de carreiras modestas, em que as viagens dos artistas são financiadas por uma parceria entre a Associação de Autores, Compositores e Editores de Música (franceses), os Institutos (também franceses), a Organização Internacional da Francofonia e a gigante da música, Deezer. A vontade de rir é grande. Patrocinados pela França, que abre caminho para suas carreiras, eles, contudo, não são os últimos a criticarem esta Françáfrica da qual também são produtos. A respeito disso, aconteceu uma cena divertida no Instituto Francês de Dacar em abril de 2017, lugar badalado (o único?) da vida artística e cultural da capital senegalesa. Na apresentação, com boina estilo Che Guevara e camiseta de Sankara, Awadi critica a França em suas letras, com um prazer inigualável. No meio do público, as palavras ressoam como carícias, e Awadi, todo sorridente, encerra seu show na frente de alguns oficiais franceses, masoquistas ou resistentes, a depender do ponto de vista. O ídolo do rap senegalês é frequentador assíduo do Teatro de Arena do Instituto Francês, e mais ainda dos corredores onde uma graninha e outros cachês são negociados. A história não pode garantir se desta vez ele conseguirá ganhar algum dinheiro ou se simplesmente se diverte assustando o inimigo em casa. Essa anedota, entre tantas outras, basicamente demonstra que, na ausência de uma política cultural de envergadura que abra espaço para os artistas, eles não têm interlocutores a não ser os *supostos inimigos*, sob o risco de ter que aguentar essas cenas divertidas e eloquentes.

Seria interessante listar todos os grandes ídolos do continente para observar em que medida a França foi um entrave ou um influenciador de carreiras. Embora nas letras isso pareça evidente com relação aos porta-estandartes, nos outros campos, os mesmos procedimentos estão em andamento. A equação apresenta uma dupla dificuldade. A questão dos meios: a França oferece aos artistas um conjunto de ferramentas e ambiente para ajudá-los a se projetar. Algo que seus respectivos países, por diversos motivos, não podem ou não se dignam a oferecer. O que é aceitável, compreensível e defensável. Mas será que devemos nos contentar com isso, correndo o risco, como foi constatado, de simplesmente lamentar nossas incapacidades materiais? Certamente, não. Outro aspecto é que os artistas não assumem essa dimensão e preferem a contradição à coerência do propósito.

A França é competente, seja com boa ou má intenção, conforme o ponto de vista, em captar energia, talento e genialidade, e lhe oferecer recursos para a eclosão. Mas nunca de forma gratuita, mesmo que sua intenção não seja cobrar depois. De uma maneira ou de outra, ela receberá os méritos disso, como mentora. Difamá-la não altera em nada o fato de ela continuar sendo o centro do debate, o lugar onde muitas carreiras se constroem. Ao formar e permitir que os artistas se desenvolvam, ela garante ter os propagadores — ainda que inconscientemente — de sua aura e influência. É propriamente nesse campo da diplomacia cultural que a alienação do contradiscurso é forte. Ela cria a ilusão de uma liberdade absoluta, quase inebriante, quando na verdade, ano após ano, nos mantemos presos a laços cuja flexibilidade não necessariamente anula sua terrível influência. Essa dívida vocacional é tão forte que, para muitos artistas e escritores africanos, chega um momento em que a relação se torna uma zona turbulenta. Para equilibrar o caráter assimétrico da relação, de um mentor excessivamente evasivo, inúmeros autores se veem obrigados a se tornarem rebeldes e insurgirem-se contra aquele que por muito tempo foi seu tutor. Assim, testemunhamos uma mudança espetacular: aqueles que antes foram pegos pela patrulha que perseguia os alienados, agora se tornam os próprios patrulheiros. E assim por diante. A insuficiência do continente, a impressão de traição, que pode ser explicada pela falta de um *corpus* comum aos povos, a vida na França, tudo isso cria condições para distúrbios, para uma forma de dívida com relação ao continente que foi deixado à deriva, ao qual nunca deram nenhuma atenção e do qual nossa imigração tentou fugir. A França se torna o país do lamento, país símbolo de nosso próprio desconforto, cujos débitos saldamos com uma mordida na mão que por muito tempo segurou uma ninharia.

Pois aqui reside outra ferida: o alienador designado não aliena apenas em casa, mas também no exterior e isso vale o dobro. A ausência de um dispositivo cultural capaz de identificar talentos, forjar mérito, detectar o gênio local e oferecer aos artistas a possibilidade de realizar seu sonho foi sancionada pela disseminação das Alianças Francesas, Institutos Franceses, ONGs e outros países, cuja malha densa oferece nos enclaves do continente uma oportunidade de escapar da ganga miserável do país, do horizonte que impede sonhos e ilusões, bens tão preciosos para jovens que representam 75% da população. Da capitulação ao investimento em cultura, passando pelo apoio a projetos artísticos, nasceu uma precariedade endêmica das artes e da cultura no continente. A produtividade, tão bela e revigorante e sem qualquer interlocução ou financiamento local de mecenas, já não tem a quem recorrer a não ser os patrocinadores ocidentais. Nos rincões argilosos da terra profunda, de palmeiras desfolhadas ou chamuscadas pelo sol, as crianças que desejam ler, tocar um instrumento musical, assistir ao cinema mundial, aumentar a curiosidade para estimular a fibra de seus sonhos só podem contar com os santuários franceses ou de outros lugares no exterior para satisfazer essa necessidade. *Nossas vidas não nos satisfazem*? A vida cultural é terceirizada para as multinacionais. Algo terrível de se confessar. Em pleno triunfo dos discursos libertadores, os fatos são persistentes. Não necessariamente por falta de recursos, *expressão vassala da falta de ambição*, mas por uma concepção, quase uma convicção, de que essa cultura de conhecimento voraz do sonho e das artes era imprópria ao consumo local e que a purificação do "nós" deveria, em última instância, restringir a tarefa ao exterior. Esse discurso é defendido pela ala mais extremista dos acusadores, cujo niilismo sobre as artes lembra as tentações da queima de livros. O caminho está, portanto, aberto. No final, a lamentação é substituída, transformando rapidamente o testemunho em acusação vitimista. Qual o objetivo de se sentir ofendido? O vazio da necessidade é a única coisa que precisa ser preenchida. O leitor que suspeitar que eu esteja condenando essa substituição estará enganado. Há dez anos venho escrevendo que o vazio africano será preenchido por quem tiver uma carta na manga. Abandonar o campo é oferecê-lo a alguém mais empreendedor e, sem dúvida, mais ganancioso. Que, ao não satisfazer a lógica mamífera dos seres humanos, está cometendo um erro. Que o ministério do discurso, por mais brilhante que seja, não é mais urgente do que o ministério dos fatos. Que os passageiros de *Mbëkë mi*,[91] do romancista senegalês Abasse Ndione, que fugiram da pobreza arriscando suas vidas, não estavam renegando a cultura, mas sim consentindo com um divórcio temporário e adiando o retorno. Que a doação atrai a dívida. Que

91 NDIONE, Abasse. *Mbëkë mi, à l'assaut des vagues de l'Atlantique*. Gallimard, 2008, coleção Continents Noirs.

o doador francês inconscientemente explora essa fibra. Que o fato de não ver nisso uma filantropia não deveria impedir que as virtudes fossem vistas. Isso explica a inconsequência do *antifrancismo* militante cuja genealogia se revela importante (ver mais adiante o capítulo "Genealogia do sentimento antifrancês").

Como expressar o mal-estar e o desconforto? A violência simbólica que fez com que inúmeros autores deixassem sua terra, contra a própria vontade, para se vestir com os códigos de um país que é o algoz de sua autoestima e onde, o que é ainda pior, se tornaram prisioneiros da língua na qual toda sua atividade intelectual é desenvolvida, criou uma situação insustentável. Embora essa realidade esteja presente em muitos livros pós-coloniais, resta saber quais serão as tentativas para conter esse mal que atormenta, pois essa dimensão desempenha um papel importante na acusação de traição. Sentir-se sujo e traidor da comunidade é um fardo desonroso para se carregar, sobretudo a longo prazo. Na maioria das vezes, a solução mais simples é se submeter. Trata-se de uma aquisição de tranquilidade e de *virtue singnalling*[92] a baixo custo. O alargamento do âmbito da Françáfrica permite escapar da perspectiva puramente dualista para enxergar as conexões, por vezes inconfessáveis, desse romance arriscado. Nenhum âmbito está imune a isso, mas o das ideias permanece marcado pelas discussões que o permeiam há décadas.

92 *Virtue signalling*, ou demonstração de virtude, em tradução livre, é um neologismo pejorativo utilizado para descrever a atitude de alguém que busca exibir deliberadamente uma suposta virtude, simplesmente por expressar repulsa ou apoio a certas ideias políticas ou acontecimentos culturais, mas sem tomar medidas efetivas. (N.T.)

"EU ENTENDO VOCÊS"

Nessa dinâmica cíclica e aparentemente sem fim, a alienação tem sete sombras, assim como o gato tem sete vidas. Pode ser ardilosa quando se sente acuada. E não é raro que os acusadores apareçam no final da acusação. Assim como o camaleão, tem toda a panóplia da camuflagem e o que isso implica de oportunismo. No auge da época, se revestiu com roupas inimagináveis. Como distinguir os alienados? No início, a tarefa era simples, como já foi mencionado: dois olhos e uma suspeita bastavam para enforcar um homem. Ele era capturado, cobriam-no de críticas, depois o massacravam por cumplicidade com o inimigo. *A pele e a máscara*. Leopold Sédar Senghor, portanto, para a elite, e Gaston Kelman para a plebe. Sem revisão de julgamento. Mas o trabalho do tempo deixou a raça dos alienados mais complexa. Para os rebeldes, a receita era a mesma: a defesa de um particularismo africano, aliada à vingança obsessiva contra o Ocidente, era o suficiente para consagrá-lo um homem, elevado ao firmamento do justiceiro étnico. Aqui também, uma bela variedade: Théophile Obenga para a elite, Kémi Séba para a plebe. Como as coisas eram simples! A cisão já não é tão evidente. Prova de que nenhuma posição na história pode durar para sempre. Nessa circularidade, é preciso manter o quadril firme para não cair. Sabemos disso, instruídos pelas guerras humanas: na grande roda da História, os algozes e as vítimas permutam. A batalha dos alienados não é exceção. O que está acontecendo é uma alienação sofisticada que tem todos os aspectos de emancipação.

Se quisermos que tudo continue como está, é preciso que tudo mude, escreveu Lampedusa.[93] Ao menos a perspectiva está mudando um pouco. Os rebeldes que se opõem à França estão em uma relação esquizofrênica com ela. A partir de uma reviravolta antiga, mas que demonstra um recrudescimento em meados dos anos 2000, a rebelião é mamada na mamadeira. Trata-se de uma mordaça prática. Beije o inimigo na boca, alimente-os até dizer chega, acaricie-os até ficarem anestesiados. O inimigo, por muito tempo chamado de alienador e com o qual era preciso romper relações de vez, entendeu isso. Não há necessidade de digladiar-se com os colonizados populosos e prestes a se tornar uma ameaça, à maneira do injusto *discurso de Dacar*.[94] Não se trata tanto de se anunciar com a arrogância do civilizador, reforçada por ladainhas pomposas. *Exit* Jules Ferry e sua matriz. *Exit* a evangelização mentirosa. A França diversificou sua presença no continente. Além dos teatros de conflitos onde chafurdou antes de partir, como no Mali — aliás, uma causa perdida —, ela se revê e recorre a outras frentes mais civilizadas e sutis. O ex-colono sabe o quanto pode custar enfrentar populações hostis à sua presença, cansadas do seu desprezo e para as quais a violência radical é uma forma de divórcio como qualquer outra. A França teve influência, informações e marionetes o bastante para ter noção da rejeição que provoca, país ao qual as populações às vezes preferem as piores alternativas, até mesmo os russos ou, inclusive, os *jihadistas*. Sabe também, uma vez lúcida,

93 DI LAMPEDUSA, Giuseppe Tomasi. *O leopardo*. Tradução Maurício Santana Dias. São Paulo: Companhia das Letras, 2017. (N.T.)

94 GASSAMA, Makhily (org.). *L'Afrique répond à Sarkozy. Contre le discours de Dakar*. Philippe Rey, 2008.

que esteve no centro de maquinações políticas históricas e criminosas que alimentaram rancores que um século não é capaz de resolver. Portanto, já não há necessidade de entoar o refrão universalista herdado do período colonial e revivido por esse passivo, além de todas as feridas humilhantes e as sequelas que ele possa ter causado. A França deve ser discreta. Trata-se de mudar de técnica e de tática, como se faz no esporte. Jogar com os pontos fracos do aliado-inimigo. Espreitar as zonas mortas e frágeis. Penetrá-las. Investir em dispositivos mais civis, mais culturais, em desenvolvimento cooperativo. "A habilidade da corrupção ou brilho do gênio", dizia Balzac,[95] esse é o novo desafio de uma antiga área de influência em que outros concorrentes já se manifestaram. Eles têm uma vantagem clara, a de não ter que lidar com um passivo colonial. Manter discrição é, portanto, mais que uma urgência; baixar a cabeça e aguentar firme diante da rebelião, mas plantar com paciência as magníficas sementes das quais colherão os frutos. Com o estado atual da presença francesa e todos os laços que foram estabelecidos, a França está consciente de que um divórcio definitivo não é possível: não é desejável para ela, tampouco possível para suas ex-colônias, apesar do frescor dos discursos e os desejos radicais de mudança. Nesse desencanto umbilical, a boa vontade é a nova saída, além da paciência. Manter-se sóbrio e magnânimo, delegar.

Contar até mesmo com os inimigos potenciais para fingir ou dar sinais de abertura. Por conhecer a sede *insaciável* por rebeldes e identidades existentes no continente, a França acaba contribuindo para sua formação. Trata-se

95 BALZAC, Honoré de. *Le Père Goriot*. Folio Classique, 1999. [No Brasil: *O pai Goriot*. Tradução Rosa Freire Aguiar. São Paulo: Companhia das Letras, 2015. (N.T.)]

de domar as feras. Acariciar os pelos e colocar o selvagem em cena. Amamentar com naftalina para encobrir os caninos aveludados. Assim ela alimenta o berçário cuja rebelião — asséptica — elogia para ficar mais protegida. Concretamente, braços em aparência gentis, porém bem armados, do mesmo modo que a diplomacia, a francofonia, a Agência Francesa de Desenvolvimento (AFD), as mídias diaspóricas, os Institutos e Alianças são úteis por serem as trombetas da nova narrativa unificadora e feliz. A França pode perder parte de seu poder com isso, ou sofrer por ser o capacho sobre o qual algumas opiniões e as elites, refratárias mas dependentes dela, esfregam os pés. É uma aposta razoável para uma grande recuperação. Basta, então, identificar os formadores de opinião e os arautos da ira das massas, acolhê-los em seus fóruns, consagrá-los, financiá-los quando for necessário e, com o tempo, esperar que essa terapia dê frutos. Alimentando os rebeldes, quase os "domesticam". E como artimanha adicional, a partir deste cerco, é possível prever os ataques. Os *Ateliês do Pensamento*,[96] nome emprestado de uma edição do Festival de Avignon, só que descolonizada, foi uma jogada magnífica da França. No Teatro de Arena de Dacar com seu cenário encantador, o Instituto — representante diplomático oficial da França — pode sofrer de tanto escutar, durante horas, que vão cair matando em cima da França. Generosa, ela financia as (auto) flagelações em parceria com a AFD. A descolonização está correndo solta por lá, sob a monarquia financeira francesa, com uma epistemologia francesa, convidados franceses e um público quase exclusivamente francês. O giro diplomático foi dado. Todo mundo está feliz, e

96 MBEMBÉ, Achille; SARR, Felwine (org.). *Écrire l'Afrique-Monde*. Philippe Rey/Jimsaan, 2016.

os rancores e os não-ditos vão embora para outro lugar. Tarefa final, descolonizar os *Ateliês do Pensamento*, para aumentar ainda mais a aposta.

Melhor ainda, é preciso preparar os acidentes para dar mais veracidade à encenação. Caso contrário, não tem graça! No centro da esfera midiática, no Le Monde Afrique ou em tantos outros, são encenadas simulações de debates, mantendo uma linha editorial laudatória. Tudo é pensado para sugerir uma forma de pluralidade. Não nos enganemos, pois não se trata de denunciar uma conspiração ou de acreditar na existência de uma força oculta nas sombras envolvida nessa empreitada. Mas somos autorizados a apontar essas incoerências e essa técnica midiática sofisticada de fazer o debate parecer real, quando, na verdade, estão evitando qualquer rispidez. Conclusão parcial: *o rebelde está alienado do que realmente importa*. Podemos recorrer a alguns exemplos para efeito de demonstração. Dentro do próprio Instituto Francês, por exemplo, tanto os defensores do discurso contra a França quanto o discurso decolonial têm direito de cidadão, inclusive com margens de manobra relativamente amplas. A França se tornou masoquista ou está apenas sendo esperta, convencida de que terá a última palavra? Isso se tornou um domínio dessa Françáfrica renovada, que mudou — superficialmente — de paradigma para abrigar um espaço de troca e de suposta pluralidade. Nos meios de comunicação afrodiaspóricos que proliferaram, é concedida uma impressionante diligência às tribunas que estão impetuosamente contra a França. Na leitura de produções distintas, não há um dia em que não apareçam artigos críticos e contundentes exigindo divórcio da França, ao passo que, curiosamente, permanecem cegos ao que tange a realidade das mídias que os acolhem.

Aqui se misturam todo tipo de associação histórica. Como pano de fundo, a vinculação das mídias com a esquerda anticolonial a partir de Sartre e com as minorias de que são cúmplices e defensoras. A produção de ídolos ocorre dessa forma, martelando paradigmas fomentados por textos que repetem o mesmo refrão e colocam a ruptura com a França como principal condição para o despertar do continente. Quando não é a ruptura, radical demais para ser endossada pelas mentes esclarecidas, é a *decolonização*. Dá para imaginar as expressões de ironia no rosto das pessoas nos silenciosos salões diplomáticos franceses, em que se divertem organizando esse teatro ou assistindo-o, com atores que acreditam tanto em seus papéis que se tornam parte integrante de suas personalidades. O rebelde anti-Ocidente produzido por esse cenário é, sejamos francos, um bichinho bem inofensivo. É um rebelde curioso que deve bastante ao inimigo, de quem adquiriu a língua, a renda e, muitas vezes, a nacionalidade; em suma, um inimigo para o qual deve quase tudo, inclusive a *fama*. Podemos duvidar desse rebelde, que de rebelde não tem mais nada a não ser a aparência e algumas pretensões, e que, no entanto, é destemido, perseverante, sempre autoconfiante, se achando autenticamente imunizado.

Essa é a terrível transformação da História. O ápice de uma trajetória de poses e mentiras. Uma rua sem saída. A *indirect rule*[97] em sua máxima potência. Como todo bom alienado, o rebelde nega. Se mostra firme. Admite

97 Modelo administrativo implementado pelos colonizadores europeus nos países africanos, em que líderes locais eram recrutados para auxiliar a metrópole na gestão do governo. Havia ainda outro modelo, denominado *direct rule*, cuja administração era gerida por indivíduos da metrópole, sem nenhuma interferência de liderança local. (N.T.)

algumas relações fatais, úteis a seus interesses e objetivos. Contradição entre suas palavras e ações? Isso é irrelevante, ele responde. Ao abrir mão de sua agenda, ao abafar seu discurso na abundância da repetição, ao assumir todos esses códigos, ao continuar sendo o centro do debate intelectual para o qual é convidado, o alienador acaba se apoderando das armas do rebelde. *A arte de vencer sem ter razão*, de Cheikh Hamidou Kane,[98] resplandece à contraluz. Poderia ter realizado uma boa partida, ter sido indulgente. Mas o novo alienado gosta de um rebuliço. Persegue o alienado *old school*, tão fácil de acusar. Aliás, foi assim que construiu sua reputação, a alteridade acusadora e a autocelebração do enraizamento. Vê-lo cair na própria armadilha, sem sequer se dar conta, é ao mesmo tempo estranho e prazeroso. Do rebelde ao poeta maldito, quando a postura compromete uma condição legítima, a mentira é revelada por si só. Ninguém fala em nome do povo, pois, além de nocivo, é falso. A empreitada identitária sempre encalha nas areias do tempo, e a vida dos rebeldes nos ensina mais ainda quando observamos não apenas o palco, mas também as coxias.

O LEGADO E OS HERDEIROS DO COMBATE PAN-AFRICANO

Penso em uma identidade que não seja arcaizante e autodevoradora, mas devoradora do mundo, isto é, que se apodere de todo o presente para melhor reavaliar o passado e, mais

98 KANE, Cheikh Hamidou. *L'Aventure ambiguë*. Seuil, 1962. [No Brasil: Aventura ambígua. Tradução Wamberto Hudson Ferreira. São Paulo: Ática, 1984. (N.T.)].

ainda, para preparar o futuro. Pois, afinal, como medir o caminho percorrido se não sabemos de onde viemos ou para onde vamos? Pensemos nisso. Senghor e eu batalhamos arduamente contra a desculturação e a aculturação. Pois bem, afirmo que virar as costas para a identidade significa sermos conduzidos justamente a isso, e entregar-se, sem qualquer defesa, a uma palavra que ainda preserva seu valor; significa entregar-se à alienação.

AIMÉ CÉSAIRE
Discurso sobre a negritude

A própria existência quase sempre assume a forma de uma gagueira. No fundo, o africano não passaria de um sujeito castrado, instrumento passivo do gozo do Outro. Nessas condições, não pode haver utopia mais radical do que aquela que propõe a deserção ou "deixar o mundo" (a desconexão). Neste cenário, a imaginação identitária se desenvolve, segundo uma lógica de suspeita, de denúncia do outro e de tudo o que é diferente: o sonho alucinado de um mundo sem outros. É essa recusa do mundo (que mascara a uma só vez um desejo profundo de reconhecimento e de vingança) e essa leitura conspiratória da história é apresentada como discurso radical de emancipação e de autonomia, fundamentação de uma suposta política da africanidade. Na verdade, por trás da neurose da vitimização e da pulsão da diferença se desenvolve um pensamento xenófobo, negativo e circular. Para funcionar, ele precisa de superstições. Deve criar figuras que, por sua vez, se passem por coisas reais. É o que acontece com a dupla formada pelo algoz (o inimigo) e por sua vítima (inocente). Temos de lê-los, questioná-los e debatê-los. E não jurar fidelidade de forma estúpida e mecânica para fazer propaganda.

ACHILLE MBEMBE
À propos des écritures africaines de soi

É realmente necessário lamentar o que é pregresso? De modo algum. E refletir a respeito? Pode ser interessante. A História é perturbadora. O tempo é seu remo, que empurra e avança diante das forças contrárias. Uma corrente turbulenta. Ele avança, e nos acomodamos enquanto trabalhamos para deixarmos nele nossas marcas feitas de princípios e convicções. A ascendência contextual explicava a necessidade de "rebeldes" para a restauração da imagem corrompida. E, para eles, em vez de rebeldes, preferimos um termo que representa melhor sua verdadeira natureza: homens de honra. Portadores de princípios intransigentes. Eles estavam em seu estado natural. Somos rebeldes apenas pelo olhar do outro. Não é possível limpar só com um pedaço de trapo, tampouco no espaço de um século, o sangue de milhares de pessoas arrancadas de seu destino. A colonização e a escravatura — e não devemos ser mesquinhos com repetições e nem chover no molhado — foram abominações que exigem reparação. Não pelas mãos do nobre algoz que distribui perdão como quem alimenta cachorros, mas pelas próprias vítimas, que a conquistam.

Porém, a conquista pressupõe o exercício de soberania, condição de seu mérito. Quando ela insiste em atrelar o próprio fracasso a uma cronologia mais antiga, acaba demonstrando uma fuga da responsabilidade e falta de dignidade. Quando se deixa influenciar pela efervescência da conquista perpétua, pelo fantasma de uma rebelião da qual não tem escapatória, assume a agenda do algoz — a reboque do qual cumpre sua função e fatalmente perde. Nossos ancestrais, para os quais, aliás, nossa admiração nunca será o suficiente, deram suas vidas e suas almas para fazer de nós o que somos, homens livres, contribuintes da humanidade e de seu progresso. Recusar essa liberdade sob a justificativa de que ela não está completa, é uma confissão de impotência. A liberdade é um todo, um terço chama o total. Portanto, é preciso responder à altura. A liberdade também é um estado. E aquelas gerações pagaram com a própria vida e reputação, pois a verdadeira rebelião sempre corre esse risco. Suas gloriosas proezas militares preservarão o brilho flamejante dos pioneiros. Insurgir-se contra uma ordem colonial representa o ápice da hierarquia das lutas. Esses heróis se safaram da disputa pueril que infelizmente temos de resolver: a dos rebeldes e dos alienados, que às vezes se confundem. A luta deles os posiciona no lugar mais elevado. Mas é bom, de vez em quando, profanar o sagrado para lhe dar um novo vigor. A idolatria é o agente da fossilização. Profanação esta que não é crítica, mas lucidez sobre nossa descendência.

Glória e mérito não são transmitidos por mimetismo ou pelo sangue. O atavismo das ideias não existe. É o que de maneira cruel falta no continente, a ousadia de avaliar de fato a contribuição das grandes mentes e dos grandes santos. Vivenciar sua revolução das ideias sem necessariamente recorrer a ela, seja mediante um pedido de socorro ou uma acusação ao Ocidente. Olhar para nós mesmos, contar nossas próprias histórias, escrever sobre nós mesmos. Amar nossos grandes protagonistas pelo que fazem e não por quem são. Submetê-los a uma crítica fecunda e rigorosa, sem se abster de questionar seu legado para enriquecê-lo e fomentá-lo, caso haja necessidade. Promover a liberdade de consciência e a noção de responsabilidade. Ao dar à "acusação" uma forma de preeminência eterna, inconscientemente, a possibilidade de uma controvérsia positiva fica restrita a um perímetro muito reduzido, onde qualquer desvio é considerado blasfêmia. Pela persistência em um ponto de vista único e com espinha dorsal rígida, um continente inteiro se viu impossibilitado de ensaiar diálogos a portas fechadas, já que sempre era preciso definir uma frente única contra o Ocidente. Sendo assim, os assuntos locais são subalternos, independentemente de se tratarem de realidades da vida cotidiana. O discurso intelectual tem se limitado em grande parte, pelo menos entre as vozes dominantes, a prolongar esse confronto contra o Ocidente que, por sua vez, continua a ser o centro que decide tudo, sob o risco de recolonização.

Desde os precursores da luta decolonial aos novos rebeldes, o declínio da relevância é tão marcante que agora estamos diante de avatares que são produtos ocidentais, e às vezes os mais bem-sucedidos. Um olhar mais atento para os novos heróis revela sobretudo o brilho funesto de uma herança disfarçada. Sejamos francos de uma vez por todas, um legado que foi corrompido não espera doador, mas sim deslegitima o donatário. A equação de um confinamento sectário e da preponderância do identitarismo, cuja expressão sempre mantém um grau de parentesco com o antiocidentalismo, é a um só tempo a explicação da incapacidade de administrar a urgência do real e uma mentira quanto a uma suposta força tutelar cuja crítica sistemática, na verdade, evidencia uma relação de dependência. A fera nefasta se alimenta dessa grande lacuna, os rebeldes permanecem submissos à mãe cujos humores e programas eles adotam, consequentemente reduzidos à reação. No centro de todas as iniciativas culturais africanas, há o Ocidente, incluindo a França em algumas ocasiões. Narciso acha feio o que não é espelho. Na impossibilidade de retroceder, é preciso obrigá-lo a suportar esse suplício redentor.

A ALIENAÇÃO REAL DO CONTRADISCURSO

Em muitos casos, sob o pretexto de combater sua hegemonia, alguns trabalhos acabam fetichizando o Ocidente. Este os obceca tanto que muitas vezes acabam escamoteando a complexidade da realidade histórica. Assim, ignoram amplamente a multiplicidade do período colonial, que teve duração e importância bem variáveis. Do mesmo modo, dão pouca ênfase para políticas expansionistas de potências como o Império Otomano ou a Índia. Sobretudo, muitos deles subestimam a força de iniciativa inerente às sociedades "indígenas", sua capacidade de resistência contra os conquistadores ou até mesmo sua indiferença em relação a eles. Após a leitura desses pensadores pós-coloniais, seria possível jurar que essas sociedades jamais entraram para a história. O futuro do mundo, portanto, é reduzido a um grande enfrentamento entre o Ocidente opressor e o Oriente oprimido.

JEAN BIRNBAUM

La Religion des faibles, ce que le djihadisme dit de nous

Tanto fervor para tão pouco resultados, essa seria uma constatação válida? Ou seria a vaidade de uma luta que celebra heróis sem produzir eficiência ou gerar impacto coletivo, tampouco oferecer resultados reais e consistentes? Optamos pela escolha inútil de criar as condições de uma queixa, sem nos responsabilizarmos por isso? Por dissociar os sucessos individuais das epopeias coletivas, de se contentar como se isso se tratasse de uma fatalidade, no fundo, bem egoísta? As questões surgem com ainda mais ardor, pois os vínculos entre os detratores do Ocidente e este próprio bloco são, por vezes, muito tênues; e, ao final deste ciclo, encontramos os elementos de um romance com gosto de descontentamento amoroso e de orgulho ferido. Uma dependência desse tipo, quase umbilical como reação ao Ocidente, pavloviana e sistemática, o reafirma e dá solidez na preponderância de seu papel. O que acontece, então, com a inspiração e a principal recomendação do mentor dos *Subaltern Studies*[99] indianos, Dipesh Chakrabarty: *Provincializar a Europa*?[100] Desfazer seu epicentro, tornando-o assim uma província do mundo, o que Césaire outrora chamava de o "centro de redistribuição" do mundo? No entanto, o advento de uma ruptura como essa parece distante, pois o Ocidente ainda ocupa o centro, pelo simples fato de partir dele a condição de emancipação. Isso acontece porque a ordem de protesto, em vez de desfazer sua hegemonia a reforça e, às vezes, simplesmente inverte a perspectiva, recaindo em um centrismo que nem o prefixo afro é capaz de proteger de qualquer despotismo.

O radicalismo do pensamento e a bolha da contestação bruta poderiam ter sido elogios à coerência? Uma forma de soberania do pensamento? A questão com certeza surge uma vez que os compromissos assumidos por alguns intelectuais e líderes políticos exigem maior ar-

99 MERLE, Isabelle. "Les *Subaltern Studies*. Retour sur les principes fondateurs d'um projet historiographique de l'Inde coloniale", *Genèses*, 2004/3 (n. 56), p. 131-147.

100 CHAKRABARTY, Dipesh. *Provincialiser l'Europe. La pensée post-coloniale et la différence historique*. Amsterdam, 2000.

dor e intransigência. A ilusão de pureza e de virgindade é bem mais terrível nesse sentido. Aqueles que defendem uma ruptura total com o Ocidente mantém a impressão de que devemos ir sempre mais longe. Isso cria uma nuance, com graus variados de êxito, mas, enquanto núcleo unificador, estabelece o ponto de vista dominante. Formulado com certo *guerreirismo* incandescente, o argumento não deixa de ser sedutor, mas é facilmente derrubado se alguém se digna a confrontá-lo com sua própria alienação. Pois, curiosamente, é nesse ponto que a alienação do contradiscurso demonstra ser a empreitada mais bem-sucedida. Uma constatação pode nos ajudar a chegar a esse ponto. Por exemplo, Aminata Dramane Traoré, intelectual malinense brilhante e bastante ofensiva, além de ex-ministra, que se tornou ídola do pan-africanismo, só é ouvida na França, em sua diáspora, à qual, basicamente, ela se dirige e onde é possível exercer sua aura. Em seus recentes postulados sobre a realidade atual, traz consigo um discurso penetrante e que se espalha, tornando-se uma gangrena: a ideia de que o Mali é atacado pela França, que ela seria a fornecedora de armas para os terroristas. E toda essa farsa trágica estaria sendo fomentada do Palácio do Eliseu, com o intuito de enfraquecer o Mali e saquear o ouro do país! Esse pensamento está se propagando, em meio a esse impasse, inclusive tendo aderência de profetas, como Salif Keita,[101] o grande cantor do Mali. Última cruzada das linhas do confusionismo, o assunto já não se resume a uma conversa de café. Na boca dos formadores de opinião renomados, o tema ganha dez vezes mais peso, assim como sua credi-

101 GLEZ, Damien. "Salif Keita, griot anti-Macron", *Jeune Afrique*, 19 nov. 2019. Disponível em: https://www.jeuneafrique.com/858791/politique/chronique-salif-keita-griot-anti-macron/.

bilidade. Portanto, *exit* a avaliação das causas multifatoriais do conflito, qualquer dimensão da pobreza, do caos estatal, do fanatismo religioso, do passivo irredentista no norte do Mali, inclusive a ação da França na Líbia (que, além disso, não tem vocação para ser a polícia do continente). Só importa a responsabilidade desta última, convertida no cerne de conspirações e que germinou na mente da elite malinense, que se exime assim de qualquer responsabilidade. Como resultado funesto, a ascensão da junta ao poder após o golpe de Estado, que consumou a ruptura com a França e caiu na demagogia institucionalizada. Observamos então uma frente única, um discurso político, intelectual, com uma estranha conivência, no leito dessa velha ladainha contestatória, que esmaga tudo, até mesmo a necessária exigência de explorar os fatos em sua real medida.

Consequentemente, muitas vezes nos perguntamos como a legitimação de pensamentos sórdidos e irracionais se dá com tanta facilidade. Temos uma resposta parcial. Na maioria das vezes, ele penetra nas brechas abertas por eminências insuspeitadas. Aminata Traoré tem um *pedigree* que ninguém poderia negar. O conjunto de sua produção e de seu discurso exterioriza sistematicamente os responsáveis; empenhada em sua caçada para identificar os culpados, acaba se submetendo à lógica desta caça e se condenando à reação. Lembrete útil: impor o próprio tema é vencer parcialmente uma disputa de ideias. O teatro francês capta a maior parte das atenções deixando o país da intelectual na mão. O essencial de sua obra é desconhecido pelas massas do Mali, inclusive de uma jovem elite, enquanto na França, como frequentadora assídua dos palcos, costuma ocupar um lugar pronto para o debate. Portanto, goza de mais influência na esquerda francesa do que em seu próprio continente. A invocação de um *neocolonialismo permanente* em curso que, por sua vez, requer combate e atenção permanentes — tábua de salvação explicativa que ela até poderia tirar da manga, mas seria inadmissível. Observando atentamente a cronologia recente e antiga, essa postura já era recorrente, independentemente do contexto, sem nenhuma variação. Com isso, acaba se tornando prisioneira da perspectiva única que é, em muitos aspectos, a base do fanatismo intelectual. Ao alienar sua agenda até mesmo em canais de emissoras estrangeiras, na realidade, a centralidade permanece francesa, mesmo que seja para criticá-la. *Suportar a crítica* e encará-la mais ou menos de frente são a nova condição da expansão da França e do que sobra de seu império. Esse apetite particular dos africanos, atormentados pelos meios de comunicação, de comentar a realidade política francesa ou, variante implacável, a *realidade colonial*, sem dúvida é o grande abismo de onde escapa toda essa energia mal utilizada. Ao abrir mão dos projetos locais, a inclinação quase maníaca para a reação, na verdade, acaba exportando o espaço de debate. Como uma confissão, ela valida uma forma de capitulação do local, agente obsoleto em relação a um outro lugar cuja influência é criticada, contribuindo assim mecanicamente para modelar seu galardão de epicentro.

Com a disputa pela alienação sempre posicionando a França no centro de tudo, é importante explorar as estratégias de sobrevivência dos escritores, convocados por todas as partes do mundo a tomar uma decisão. Ao se tornar a única voz do debate, a responsabilidade local e, principalmente, seu exercício pelos poderes africanos eleitos desapareceram do radar. Essa é a perdição identitária que alimentou a casta da escritora franco-camaronesa Calixthe Beyala, antes aclamada autora parisiense, e agora pan-africanista que atribui até mesmo seu delito de plágio[102] comprovado ao racismo francês. A ídola parisiense, na época pouquíssimo conhecida em Iaundê, a capital de Camarões, agora se torna uma egéria na vertiginosa queda de uma ideia afrocentrada. Sua glória hexagonal, que precisava de uma reabilitação nos trópicos para vingar o exílio e suas agruras, foi sucedida por uma nova militância que coloca os intelectuais considerados importantes na mesma esteira. Hologramas de um Ocidente cujos tiques eles perpetuam com exclusividade, a evidência escapa por meio de uma negação tardia do que se foi e que não diz seu nome. É por esse motivo que muitos escritores africanos, em algum momento de sua vida, depois de obras de densidades desiguais, parecem sempre ter que garantir essa fibra junto aos "seus", como prova cabal de não pertencimento à raça dos alienados da qual explicitamente eles são os *outdoors*.

De *Contornos do dia que vem vindo* (2006) até *Impératif transgressif* [Imperativo transgressivo] (2016), de Léonora Miano; de *Lumières de Pointe-Noire* (2013) até a ocupação da *cadeira artística* no Collège de France por Alain Mabanckou, podem exaltar todas as diferenças à vontade, mas o fundo comum continua sendo o pessoal, a língua, os moldes comuns e, sejamos francos, também os discursos. E nem vou falar de finanças, de gastos alimentícios ou com tratamentos, pois, ao esquecer a ladainha da Independência do pensamento, que é a única arma conhecida para extirpar ao máximo as influências, acabaram por condenar o contradiscurso a ser o carro-

102 FRANÇOIS, Virginie. " Une autrice prolifique et primée, malgré sa condamnation pour 'contrefaçon': Calixthe Beyala, l'effrontée du plagiat", Le Monde, 4 ago. 2021. Disponível em: https://www.lemonde.fr/series-d-ete/article/2021/08/04/calixthe-beyala-une-plagiaire-effrontee_6090549_3451060.html.

-vassoura de um pelotão cuja cabeça continua sendo a força tutelar para o bem e para o mal. Ganhador do prêmio Renaudot, Mabanckou viu seu julgamento por alienação ganhar proporções exageradas. Alvo das perversidades da *identidade autêntica* na sua época, Mabanckou sobreviveu, por muito tempo visto por seus detratores como animador e um talentoso professor de exotismo, um gerador de truculência e de impetuosidade, mas sem fôlego político ou vigor intelectual. Em suma, a tradicional disputa. Nos anos seguintes, Alain Mabanckou, o carro-chefe das letras africanas em Paris, parece mudar de rumo. Com perspicácia, pegou o trem em movimento, agora muito mais tranquilo, como condição de um maior sucesso local, em um convívio um tanto estranho em que, por sua vez, se torna um acusador em potencial dessa França da qual foi acusado de ser o súdito mais dedicado.

De modo mais geral, independentemente do nome, depois de muitos terem virado as costas, basta encarar de frente o desafio. Contudo, o olhar continua grudado no retrovisor. É por isso que admoestar incansavelmente coveiros como Kémi Seba, ídolo popular da juventude africana atual, e enxergar nele um mal absoluto é uma visão parcial e uma maneira barata de se isentar. Isso é um sintoma e um indício de que todas as barragens cederam, a explicação da autoridade da corja de Yahya Jammeh e da tropa que ataca o poder por toda a África, o frenesi que transborda ao extremo, mas se baseando em um conjunto de excreções identitárias com as quais a classe intelectual se contenta, em conformidade com as forças presentes para as quais seria bom singularizar um continente para justificar um embargo.

Léonora Miano, nesse sentido, é um caso interessante. Autora importante por quem tenho grande admiração, que conseguiu unir virtuosidade de estilo, elegância e profundidade de pensamento, ela parece estabelecer uma relação de cordialidade com o pensamento decolonial, distante de dogmas — algo que a honra e representa uma inspiração em muitos aspectos. Ganhadora de vários prêmios franceses, contudo não chegou a vivenciar os julgamentos habituais de alienação, ou só vagamente, em proporções bem menores em comparação com os padrões de seus colegas. Em uma obra colossal, explorou todos os gêneros, destacando-se em cada um deles. Essa liberdade e esse desprendimento imprimiram à sua obra uma forma de soberania e um nível inexpugnável. Do alto desse pedestal, seria possível acreditar que estivesse imune a intimações, que teria domesticado para si o privilégio supremo de produzir o que bem entendesse, sem obedecer a polícia do *dizível*. Mas não, ela aguenta firme, muitas vezes atacando, com um talento certeiro e uma busca por ampliar ainda mais seu horizonte. A princípio com tom *crepuscular* nos dois primeiros romances, potencialmente culpados de preencher todos os requisitos do rótulo *afropessimista*, podemos notar nessa obra uma clara evolução, mais recentemente com *Vermelha imperatriz*, que passa do caos primordial para a sublimação distópica do continente, em que podemos perceber, apesar da roupagem ficcional, uma narrativa militante e futurista, incorporando linha por linha a narrativa decolonial. Léonora Miano afirmou que quer construir novos imaginários no continente e na diáspora, cuja dupla filiação, afropeia, reivindica. Mas surgem questões. É possível decretar um imaginário? Onde seu epicentro está localizado? E quanto ao real, às barreiras linguísticas e geopolíticas, em um mundo mais conectado? Eis as premissas para um pensamento de retorno ao país natal, para sua teorização política. Se em *Vermelha imperatriz* a África é o próximo Eldorado para onde os brancos oprimidos fogem em busca de horizontes, em última instância, isso não seria uma repetição terrível e uma inversão em todos os sentidos? E isso também não seria a restauração de uma fachada com alicerces ainda bastante ocidentais? Podemos pensar no livro de Pierre Jourde,[103] na mesma linha, porém mais malicioso, sobre uma colônia de delinquentes belgas que desembarcam em um país zulu para perturbar a prosperidade dos habitantes. Em última análise, essa sátira sobre os subúrbios franceses é a extensão do domínio do clichê, no mesmo sentido de Miano. A projeção é antiga e o novo imaginário, uma repetição, uma vez que o Ocidente continua a ser o termômetro, ano após ano.

Sendo assim, será que um autor, independentemente de sua posição, de seu talento, de seu valor ou de sua liberdade, uma vez ou outra deva apostar em uma narrativa tão poderosa que confine e exija uma parte de complexidade e outra de reivindicação? Essa época de arrependimento literário, depois da culpa por aniquilar os seus, parece ter se tornado um santuário crucial, o mercado para a redenção da pureza. O retorno simbólico e real ao continente atesta essa tensão permanente em que as consagrações ocidentais se tornam pesadas demais e bastante suspeitas, sendo necessário limpar-se delas a todo custo para se reconectar com um continente abandonado, mesmo que os termos da renovação não impeçam as armadilhas do constrangimento. Pois a França está presente em todos os lugares, principalmente onde não queremos vê-la.

Convém investigar a origem desse mal-estar.

103 JOURDE, Pierre. *Carnets d'un voyageur zoulou dans les banlieues en feu*. Gallimard, 2007.

III GENEALOGIA DO SENTIMENTO ANTIFRANCÊS E ANTIOCIDENTAL

UM SENTIMENTO LEGÍTIMO

Certamente não podemos esquecer que a autoeleição dos europeus ao pleno estatuto de seres humanos permitiu, em primeiro lugar, que saqueassem na mais completa tranquilidade aqueles que não o eram. E se dedicar a uma exploração econômica em escala e modalidades sem precedentes, na qual a Europa construiu em parte sua fortuna moderna e que a tornou, em poucos séculos, a região mais rica do globo. Em última análise, poderíamos concluir que ela se limitou a forjar as ferramentas ideológicas de sua dominação? [...] A desumanização do outro e a construção de uma identidade fechada constituem o viés ideológico obrigatório dessa aventura, ou ultrapassam as exigências da dominação? Em todo caso, rapidamente eles se tornaram a mola mestra da identidade europeia moderna e dessa cultura supremacista na qual ela se baseia.

SOPHIE BESSIS

L'Occident et les autres. Histoire d'une suprématie

Desde sempre e sem qualquer pudor, a França é a maior responsável pela própria rejeição no continente africano. Sem deixar de lado as disputas semânticas, o chamado sentimento "antifrancês", nova roupagem da rejeição, tem uma origem longínqua. Por diversos meios, a França não deixou de cultivar essa supremacia, de estar cega à sua extensão e tão lenta para ouvir o grito dos humilhados. Se empenhou — por desprezo, negligência, inconsciência, omissão, más escolhas, cinismo ou canalhice — em manter a ilusão redentora de sua missão africana, mesmo motivada pelas melhores intenções reparadoras, mas infelizmente quase sempre tardias. O dano já estava feito, e o verniz das aparências mal esconde e absolve ainda menos a profundidade das feridas. Com uma "arrogância"[104] reiteradamente documentada, uma impunidade que sobrevive a todas as revoltas, uma consequente assimetria real entre dois polos que sufoca qualquer possibilidade de igualdade, há no palco uma visão e um imaginário atrelados à essência colonial que persistem apesar das correções do tempo.

Toda colonização, com seu rastro de violência, crimes, expropriações, cria desde o começo condições de resistência, portanto, de rejeição. A contraviolência é consubstancial à violência, elas caminham juntas, em uma cumplicidade trágica. As palavras de Sartre em *Orfeu negro* sobre esse tema, desconsiderando o tom paternalista, ainda ressoam com força. *Então o que vocês estavam pensando…?* Os povos que estiveram por muito tempo sob o jugo de um demônio totalitário que subverteu uma boa parcela de sua consciência, que não apenas remendou sua dignidade como também a pisoteou, assassinou e a manteve asfixiada, só podiam legitimamente desenvolver

104 GLASER, Antoine. *Arrogant comme un Français en Afrique*. Fayard, 2016.

esse sentimento comum de raiva nas suas mais variadas vertentes. A literatura anticolonial, independentemente de sua orientação, é uma formidável biblioteca para reconstituir a História e a verdade. Enriquecê-la, sem nunca vacilar nessa busca, continua sendo uma tarefa para todo o sempre. Não existe prescrição obrigatória, uma vez que a cronologia da dominação tende a se replicar no tempo, de formas mais insidiosas e menos verticais.

Cada um tem seu próprio percurso nos meandros dessa História e na literatura que a acompanha. Eu mesmo, como editor temporário na Présence Africaine, me lembro de ter tirado pó das prateleiras daquela biblioteca com certo entusiasmo. Cada leitura abria um novo campo e todas as revistas, impressionantes massas de pensamento, davam um longo e poderoso fôlego à perspectiva decolonial. Um lugar de confluência de nuances na luta, unidas ao redor da mesma busca humana. Fiquei comovido diante de *La Chanson de Lawino*[105] [A canção de Lawino], maravilhado com a visão já inclusiva de Alioune Diop no primeiro manifesto da revista, inspirado pela *situação colonial* de Georges Balandier. Estava imerso em uma fase específica de uma História mais vasta e dolorosa, e assim tive acesso a essa primeira verdade do *fato colonial*. Minha primeira reação foi questionar meu país. Porque demorei vinte anos para descobrir, longe de casa, toda essa História? Por que não havia aprendido mais cedo uma versão mais digerível dela, capaz de moldar uma visão, um pensamento ou uma consciência? Minhas perguntas esbarravam nessa parede de respostas que não chegavam. Posso me responsabilizar por uma educação que não recebi? Estava tentando modelar minha culpa

105 P'Bitek, Okot. *La Chanson de Lawino*. Présence Africaine, 1965.

potencial a partir de um exercício de raciocínio *a posteriori* pouco relevante. Decidi ler, ampliar o espectro, sair do universo francófono, não ter mais que essa devoção quase religiosa pelo texto, que não desqualifica nada e exige honestidade, uma leitura séria e crítica. Comprometi-me a uma ética de leitura enquanto devorava com o apetite próprio do descobridor conquistado. A literatura não deveria ser um dogma, o que eu lia não podia ser uma unção. Eu tinha que expandir, confrontar e intervir com meu próprio olhar para completar um quadro.

Estava empenhado em um processo de heteroscopia do fato colonial, em todas as suas dimensões. Não encontrava nele nenhum fato tolerável, nenhum benefício, e depois decidi ler e analisar o quadro completo. Com esse mesmo gesto descobri Albert Memmi e seus *Retratos do colonizador e do colonizado*,[106] e ele me mostrou um caminho sempre trilhado em sonhos, o de uma equidistância perante o objeto para uma visão panorâmica que é tão essencial se quisermos evitar sermos prisioneiros das próprias intuições e dos pensamentos fáceis. O retrato é vasto, profundo e exaustivo. Apresenta falhas mútuas, sem deixar de ser empático. No mesmo fôlego, li Edward Said e seu *Orientalismo*,[107] e seu livro gêmeo com mes-

106 MEMMI, Albert. *Portrait du colonisé, portrait du colonisateur*. Folio, 1957. [No Brasil: *Retrato do colonizado precedido do retrato do colonizador*. Tradução Marcelo Jacques de Moraes. Rio de Janeiro: Civilização Brasileira, 2007. (N.T.)]

107 SAID, Edward. *L'Orientalisme*. Seuil, 1978. [No Brasil: *Orientalismo. O Oriente como invenção do Ocidente*. Tradução Rosaura Eichenberg. São Paulo: Companhia das Letras, 2007. (N.T.)]

ma perspectiva, *A invenção da África*,[108] de Mudimbe. Eu mergulhava nesse abismo amargo, mas essencial da descoberta e coloquei em prática esse primeiro sentimento: então essa rejeição violenta e esse ódio têm explicação. A superação, a elegância, a indulgência, o impulso cristão de perdoar não podem ser injunções. Depois reli Césaire, *Um homem que sofre não é um urso que dança.*[109] Assim soube que não precisava perdoar nada desse passado, nenhuma complacência, mas, sem me deixar enganar, soube que ele estava ali, tão imenso quanto uma catedral.

Encontrei esse primeiro sentimento em relação à História também na obra do pesquisador francês Jean-François Bayart, que me ofereceu uma dupla perspectiva, sociológica e antropológica, do mesmo modo que Georges Balandier ou ainda Sophie Bessis. Toda a superestrutura colonial que inspirou as ciências sociais, desrespeitando as regras científicas para aplicar preceitos deturpados em benefício da empreitada colonial, minou os equilíbrios durante muito tempo. Ninguém duvida que, depois de

108 MUDIMBE, Valentin-Yves. *L'Invention de l'Afrique*. Présence Africaine, 2021. [No Brasil: *A invenção da África. Gnose, filosofia e a ordem do conhecimento*. Tradução Fábio Ribeiro. Rio de Janeiro: Editora Vozes, 2019. (N.T.)]

109 CÉSAIRE, Aimé. *Cahier d'un retour au pays natal*. Présence Africaine, 1947. [No Brasil: *Diário de um retorno ao país natal*. Tradução e posfácio Lilia Pestre de Almeida. São Paulo: Edusp, 2012. As edições encontradas do Cahier, inclusive na obra completa, no título, em vez de *souffre* (sofre), consta *crie* (grita). O texto foi alterado por Césaire nas diferentes edições, mas não está claro qual é a versão da edição indicada pelo autor em nota. Uma curiosidade: a edição definitiva publicada em 1956, foi a primeira editada pela Présence Africaine; as edições de 1947 foram publicadas pela Brentano's (EUA, em edição bilíngue) e poucos meses depois pela editora francesa Bordas. Ou seja, a edição mencionada talvez esteja com a data de publicação incorreta. (N.T.)]

tantos crimes e massacres, a dominação continuou sendo um sentimento tatuado na pele. A leitura foi minha primeira entrada nessa genealogia. Todos esses homens apaixonados pela justiça que revelaram e denunciaram a frivolidade se tornaram companheiros e mentores. Eles eram brancos, negros, amarelos etc. Agora era preciso ir além, para uma visão mais global.

As independências africanas, celebradas com grande pompa, resultaram em reafirmação, e sua ilusão militante logo foi cooptada pela estrutura e pelo caráter irrefletido da alternativa. Tudo continuava idêntico, tanto as estruturas quanto os mecanismos, e só as pessoas haviam mudado em maior ou menor grau. Mas a essência da máquina, aliada à universalidade de uma condição que faz tábula rasa da cor da pele, precisava nos colocar na perigosa jornada da sobrevivência. Principalmente porque o colono vencido e derrotado é uma fera ferida. Ela recua, mas para pegar mais impulso. Jacques Foccart, o conselheiro colonial de De Gaulle que se tornou símbolo da canalhice no imediato período pós-colonial, homem dos trabalhos sujos, criminoso e influente, explica tudo isso com uma frase mítica: "Vamos embora para ficar mais". O império se vai, mas não quer morrer.[110] Para alcançar o objetivo, é preciso mobilizar os recursos. Feudalizar os sistemas, enfraquecê-los, distorcer o jogo, arruinar as esperanças e fincar sua bandeira de salvador em meio ao caos, tudo isso enquanto a França se torna a base de retaguarda para a formação das elites negras e brancas. Implementar currículo, conhecimentos e hábitos que perdurem nas escolas estabelecidas no local, na

110 *L'Empire qui ne veut pas mourir. Une histoire de la Françafrique*, sob a coordenação de Thomas Borrel, Amzat Boukari Yabara, Benoît Collombat, Thomas Deltombe, Seuil, 2021.

ex-colônia. Uma completa expropriação que ainda hoje faz com que sua sombra paire sobre o sistema educacional. Como se identificar quando nada ou quase nada nos pertence? Sonhar, falar e rir na língua do outro, dentro de seu esquema e de seus cânones? Na África francófona, a terminologia da escola francesa para se referir à *escola* é significativa. Denota consentimento, não adesão. A matriz da futura rejeição é, portanto, instaurada. É a falha original que condenará essa relação turbulenta, sobretudo quando concede os subterfúgios e a recusa de uma lucidez dolorosa de todos os lados.

O que mais tarde foi chamado de Françáfrica prospera nessa esteira e as revelações de Péan e Verschave,[111] nos anos 1980 e 1990, despertam uma grande repulsa nos círculos intelectuais e militantes. Todos os ingredientes da rejeição são potencializados. Assim se forma na cabeça das pessoas a impressão de que a França controla tudo e nomeia quem ela quiser, além da certeza de que a colonização em curso e a independência fictícia levaram a um desencantamento generalizado. Mas um fato seria mais difícil de aceitar, acumulando munições para a rejeição: os crimes políticos. Assassinatos que tinham como alvo figuras emblemáticas da juventude, alianças com regimes ditatoriais, pilhagem de recursos. Acontecimentos reais e documentados, esses crimes também se tornaram fantasias de proporções exageradas. Mas, na opinião pública, é um tiro certeiro. A convicção viaja: a própria França, tudo o que ela representa, suas marcas e sua presença, não são mais que o fruto dessa convicção que seduz, por todo o território, todas as classes sociais

111 PÉAN, Pierre. *Affaires africaines*. Fayard, 1983. VERSCHAVE, François-Xavier. *La Françafrique: le plus long scandale de la République*. Stock, 1998.

e faixas etárias, à medida que, ao mesmo tempo, o continente é refém de terríveis dificuldades.

Isso parece injusto e, nas representações, é essa casta que festeja às custas dos desvalidos que foram espoliados. Ainda mais porque a França é cega para a raiva crescente. Embora haja uma presença humanitária francesa que combate a miséria, ela é marginal, e reforça a ideia do salvador branco, que incomoda aos imaginários fomentar, mesmo que consintam — desesperados — buscá-la para melhorarem um pouco de vida. Embora verdadeiras vozes se levantem na França para lutar, na maioria das vezes são inaudíveis no continente. A França está associada às suas representações oficiais. Todo um ecossistema de desafeto crônico se impõe contra esse alvo. A França cristaliza paixões tristes em uma cama miserável que ela mesma ajuda a construir enquanto finge consertar. Embora sua presença seja múltipla e iniciativas louváveis tentem romper com essa relação para inscrevê-la em perspectivas novas e mais saudáveis, elas são as vítimas colaterais de uma ideia que necrosou e contamina tudo o que toca. Do Hexágono, ela vê os primeiros sinais longínquos de uma onda crescente, mas se limita, insiste e acredita ser intocável, e concebe, com um cinismo terrível, que o sofrimento possa ser suportável, inclusive nas condições desse continente, desde que os Trinta Gloriosos,[112] que intervêm

112 "Trinta Gloriosos", expressão cunhada pelo francês Jean Fourastié, em 1979, no seu livro *Les Trente Glorieuses ou la révolution invisible de 1946 à 1975* (Os Trinta Gloriosos ou a Revolução Invisível — 1946-1975), refere-se aos trinta anos que sucederam a Segunda Guerra Mundial, período de crescimento econômico sem precedentes que ocorreu na maioria dos países industrializados. O período é marcado por uma combinação de expansão econômica, desenvolvimentos tecnológicos, aumento da produtividade e avanços sociais, em que o povo francês se libertou de grandes restrições de escassez secular, triplicou o padrão de vida e o poder de compra dos salários mais baixos. (N.T.)

no momento da infelicidade alheia, prometam uma felicidade egoísta aqui. O choque do retorno é primeiro sentido em seu próprio solo. Com inúmeros filhos da África que vivem em seu território mas que agora podem, instrumentalizados, conduzir uma rebelião para denunciar com mais vigor esses ecos longínquos e abafados pela distância.

Todo esse período que vai até o final dos anos 1990 ainda é marcado por traços opacos de uma influência nebulosa. As independências ficaram no passado, mas o caos, a fragilidade e os sonhos embrionários ainda fazem parte do cotidiano. Essa África se torna um espantalho para muitos de seus filhos que buscam deixá-la. Destino à Europa, sobretudo à França, no início dos anos 2000. A imigração clandestina ganha amplitude, proporcionando uma nova oportunidade para se constatar a assimetria e sua consequente violência. A rejeição de seus imigrantes, o racismo, a falta de humanidade, a violência dos voos de deportação e a política de acolhimento preenche todos os requisitos para forjar esse sentimento de humilhação que está na origem do ressentimento. Está na hora da rejeição passar para uma fase mais violenta, e agora as massas letradas, com as novas tecnologias de informação e de comunicação, sabem e veem. Filosoficamente, o fato de subordinar a legalidade de uma pessoa a uma papelada, e assim ter o direito de intimidá-la, é ainda mais problemático quando se conhece a facilidade com que os europeus se deslocam pelo mundo. É tão fácil para os ocidentais gozarem do privilégio da despreocupação com a instauração de dois tipos de regimes. Quando conhecemos a realidade das antigas segregações e a reminiscência das áreas proibidas para os nativos nos países africanos no passado, a lembrança desse cerceamento é terrível. As memórias continuam vivas. Por muito tempo a humilhação contínua foi a principal identidade desse encontro, e ler Césaire e seu discurso permite enxergar a dimensão dessa monstruosidade. A literatura anticolonial identifica isso de forma abundante, incluindo um recente volume que condensa os últimos suspiros desse império que se nega a morrer.

Como deixar de evocar também tudo o que a escravidão produziu como uma clara incisão na memória, ferida incurável da inferiorização do homem negro? Esse aspecto revela um racismo atávico — que não poupa nenhuma parte do mundo — em que os negros, muitas vezes assimilados à África, ainda sofrem as mazelas de sua decretada inanidade e da violência. A França, como metonímia do Ocidente, é culpada de ter industrializado o tráfico de escravos, de fornecer-lhe uma estrutura que ainda perdura. A memória guardou disso todas as marcas, todos os vexames, todas as incursões, todos os porões de embarcação, todos os cadáveres lançados ao mar e as mutilações. Uma clara conexão com o mundo atual, a violência racista nos EUA, transmitida por satélites que criam essa aldeia global da qual não conseguimos tirar os olhos. O rancor se alimenta desses episódios mediatizados, desse sentimento de resignação, de tormento. Uma renúncia latente diante de uma coalizão maior, empenhada em aniquilar o homem negro. E obviamente a França está incluída, por ter acolhido as mais aberrantes teorias raciais, desde Arthur de Gobineau a Ernest Renan,[113] por ter visto prosperar grandes nomes de seu panteão literário, por participar dessa declaração de racismo que por muito tempo foi considerada autoridade. Cúmulo da ironia, no último beijo venenoso, muitas vezes são os autores franceses que jovens africanos

113 GOBINEAU, Arthur de. *Essai sur l'inégalité des races humaines*. Pierre Belfond, 1855.

são obrigados a engolir em seus currículos escolares, até o dia em que descobrem o espectro de suas produções. Então os ídolos desmoronam, e todos os clássicos franceses (Hugo, Balzac, Voltaire...) passam para o outro lado. Esses estudantes, que eram cheios de amores por seus textos com inocência e avidez, certo dia descobrem uma frase e — pouco importa o contexto — caem das nuvens e a ferida se torna ainda maior, uma decepção amorosa e um orgulho ferido que, com todo o restante da arquitetura de um complexo de inferioridade, os mergulha em uma zona tempestuosa. Às vezes, há no desejo de justiça a tentação da vingança, esse terrível veneno que se apodera do coração e faz perder a razão. Na rejeição, todos esses elementos, à sua maneira, e em função das populações e das conjunturas, acabam interferindo.

INTERVENÇÕES MILITARES, NOVA LOCOMOTIVA DA REJEIÇÃO

De uma perspectiva genealógica, também é preciso se deter no intervencionismo do exército francês na África. Agente requisitado, mas mal-amado, por tudo o que acarreta. Todas as bases militares francesas, todas as tutelas, toda a impunidade da intervenção que estourou na Líbia sob o comando de Nicolas Sarkozy, a guerra imunda da Argélia, a intervenção na Costa do Marfim em 2003 e em 2011, os comportamentos deploráveis de soldados estupradores denunciados pela imprensa, as zonas cinzentas avassaladoras de Ruanda... Em um século que acabou de demonstrar a inconsequência da ação armada para restabelecer ou instalar a democracia, com o símbolo iraquiano da incursão americana, nenhum exército de ocupação tem boa fama, nem qualquer chance de sucesso. Tanto na República Centro-Africana quanto no Mali, após a euforia inicial, a recepção foi mais fria porque a presença perdura, o impasse reacende os rancores, e o excesso de opiniões de ativistas e políticos debilitados acaba sobrecarregando um barco já lotado. A semiologia da imagem é fundamental. Permite demonstrar que a rejeição certamente é baseada em uma convicção antiga, fomentada pela história, mas que também se baseia nessa presença atual bastante visível, considerada *desapropriadora*, e agravada por um sentimento de estagnação. Nessa purificação redentora, a França é o alvo principal, paga por todos. Consequentemente, a rejeição não é individualizada, os africanos não odeiam os franceses enquanto homens ou mulheres, mas a França enquanto símbolo e, portanto, aqueles que a servem, inevitavelmente. O motor da rejeição atual é mais enfático nessa frente da presença militar que se inspira nos códigos do complexo de virilidade. Essa frente se assume como o receptáculo de todos os demais mencionados, e a França se vê condenada no continente onde seu futuro está com os dias contados, ou intimada a mudar novamente em grandes proporções. Quando conseguimos enxergar os primórdios dessa situação, fica evidente que isso não basta. Com o acúmulo de crises, a concorrência russa e chinesa e seus métodos desleais e oportunistas, além do esboço de um novo mapa diplomático conflituoso, a rejeição será um desafio para as outras potências, cuja intervenção ativa e desinformação contribuem para potencializar e explorar esse sentimento. Essa é a mais nova expressão da raiva que está se tornando um desafio, particularmente para a Rússia, que, com um plano sofisticado e minucioso, investe tempo, dinheiro e recursos para levar a melhor. Eles vão fomentar essa rejeição, mesmo que isso signifique recorrer a teorias conspiratórias e informações falsas que estão em circulação. A França, portanto, está condenada a partir, e não apenas no sentido histórico. Ela não consegue mais ser ouvida, mesmo quando é virtuosa e impecável. E essa é sua tragédia.

O ISLÃ, UNIFICADOR DA RAIVA ANTICOLONIAL

A rejeição também nasce de outro fator: a África se encontra encurralada por duas colonizações. Embora a ocidental tenha sido a mais denunciada, a árabe, sob o pretexto do islã, teve maior impacto nas consciências, pelo aspecto religioso, por sua coerção e sua proximidade. Essa colonização não se empenhou apenas em conquistar as elites, mas também convenceu as massas. Uma manobra progressista, ainda mais habilidosa na medida em que conseguiu implementar uma autenticidade, se tornar local e contribuir no processo de rejeição à França que também a colonizara, criando de fato uma comunidade de destino político e religioso. Ao longo do tempo, ao se aproximar das aspirações endógenas africanas, esse mesmo islã que subverteu os costumes, transformou a agenda, baniu a pluralidade das referências e aniquilou determinadas identidades locais, formulou essa ideia de comunhão necessária entre duas vítimas da ordem colonial ocidental. Portanto, exaltar essa religião e o que ela oferece como dogma, direito, todos os benefícios, é também uma forma de rejeitar o Ocidente. Na guerra da Argélia, a religião foi instrumentalizada como resistência à ordem ocidental, com base no passivo de crimes coloniais. Para

Sayyid Qutb,[114] as vertentes mais radicais da religião, tanto os literalistas quanto os irmãos muçulmanos, já haviam teorizado bem antes de Samuel P. Huttington esse *choque de civilizações*. Em um mundo que testemunhou a revolução iraniana e o 11 de setembro, a Umma[115] se tornou uma questão geopolítica nos litígios pós-coloniais. Uma proximidade não tão evidente quando se questiona a História, já que o tráfico árabe-muçulmano foi sangrento.[116] Esse relato oportunista também prosperou graças às mesquitas e à diplomacia da comunidade religiosa, mantida de maneira perspicaz pelo wahhabismo.[117] Essa internacional dos Condenados da terra com frequência teve o islã como ímã. Ela propõe um contramodelo que, em razão de sua grande transcendência, expande seu espectro, com o uso da força, se necessário.

Portanto, há muitas mentiras no cruzamento dessas rejeições, um festival de oportunismos. No caso senegalês, essa rejeição também passa pela resistência anticolonial de símbolos religiosos como Cheikh Ahmadou Bamba,[118]

114 QUTB, Sayyid. *Jalons sur la route de l'Islam*. Impr. de Carthage, 1964.

115 Umma é o termo utilizado para se referir à comunidade islâmica, independentemente da origem, ascendência, nacionalidade, etnia, língua ou posição social. (N.T.)

116 N'DIAYE, Tidiane. *Le Génocide voilé*. Gallimard, 2008.

117 Fundado por Muhammad ibn Abd al-Wahhab no século XVIII, o wahhabismo é um movimento islâmico sunita que se propõe a restaurar os princípios básicos da fé islâmica. Segundo estudiosos como Bernard Haykel, o wahhabismo deu origem às vertentes mais fundamentalistas do islamismo. (N.T.)

118 O'BRIEN, Donal B. Cruise. *The Mourides of Senegal: the socio-economic structure of an Islamic order*, Tese de doutorado, Universidade de Londres, 1969.

que enfrentou o colono, exaltou a autenticidade local e convocou seus discípulos para a resistência. Embora haja motivos para desmascarar as modalidades dessa resistência, por questão de justiça histórica, essa versão é aceita na mitologia senegalesa. A de uma figura insuperável que fundou uma importante confraria cujo poder está aumentando, com uma verdadeira identidade e projetos políticos e religiosos. Toda essa estrutura de imaginários, um entrelaçamento de acontecimentos reais, mas também de lendas exageradas e até mesmo reescritas, leva a algumas situações grotescas. Os arquivos coloniais, cuidadosamente guardados, revelam, no entanto, muito mais coisas sobre inúmeras colaborações. A colonização não é um apanágio ocidental. Tampouco a escravidão, que também foi interafricana, como Ibrahima Thioub[119] estuda com alguma dificuldade, embora com efeitos menos dramáticos que os tráficos árabe-muçulmano e transatlântico. Esse confusionismo e essa incerteza sobre a História não ensinada, essa incapacidade de se chegar a uma clareza, criam condições para deturpações, uma vez que outro aspecto da rejeição tem a ver com o contexto, as impotências, a frustração, essa bile no coração do ressentimento em que o outro é obrigatoriamente culpado, responsável. Em última instância, é o estado em que a África se encontra que explica esse caráter pungente. Se o continente tivesse resolvido seus problemas fundamentais, poderíamos afirmar que o fato colonial seria menos incriminado. Mas as independências, como já vimos, não produziram

119 Prefácio da edição francesa. "L'esclavage en Afrique: briser le silence sur une question tabou", Ibrahima Thioub, em: *Esclavage et pouvoir colonial en Afrique occidentale française*, sob a coordenação de Martin A. Klein, Karthala, "Esclavages", 2021, p. 11-21. Disponível em: https://shs.cairn.info/esclavage-et-pouvoir-colonial-en-afrique-occidenta--9782811128838-page-11?lang=fr.

uma ruptura, nem promoveram a engenharia local, e a crítica constante à autoscopia como ato de traição abre esse espaço, em última análise, conveniente, em que ninguém é responsável, a não ser o colonizador e as tragédias listadas anteriormente.

É por isso que qualquer disputa acusatória, essa muleta da comunidade do pensamento, recaiu no imperdoável erro de não desviar o olhar, de segurar as duas pontas, de produzir, criar e não ceder a essa tentação da *vitimização eterna*. Muitas vezes isso sela para sempre a incapacidade de agir, de perseguir o inimigo, inevitavelmente externo. Embora tudo o que foi exposto dê legitimidade à evidência do ressentimento, a história africana não se resume à colonização. Por mais dolorosa que tenha sido, ela continua sendo um parêntese importante e decisivo, à luz de tudo o que foi mencionado, mas não encerra a totalidade da História. A sobrevivência de suas formas não lhe dá garantias de eternidade. E por mais que se possa dizer, mesmo que o quadro seja sombrio, avanços notáveis estão permitindo que os países africanos moldem seu destino, elejam governantes, governem e criem um significado, porque o "inacabamento"[120] é nossa condição enquanto sociedades históricas. Ao tomar o todo pela parte, podemos esquecer que essa colonização nem sempre atingiu necessariamente seu objetivo, que uma resistência manteve o coração dos homens inviolado desde o princípio. É essa colonização que convém explorar, com a boa nova emergindo do caos: toda colonização falha em subverter completamente. O hibridismo e a identidade plural são a

120 ELGAS. "'L'inachèvement' est une promesse d'avenir. Récits, contretemps, conflits d'agenda sur l'Afrique", *Présence africaine*, 2016/2 (n. 194), p. 175-187. Disponível em: https://www.cairn.info/revue-presence-africaine-2016-2-page-175.htm.

condição humana. A ilusão seria a pureza.[121] A busca por essa pureza, como o supremacismo nazista nos ensina de muitas formas, estaria na origem do racismo.

Depois deste lembrete, convém retomar os fatos importantes que geram o mal-estar e revelam as imposturas.

121 ELGAS. "Toute pureté identitaire est une forme d'illusion", *Jeune Afrique*, https://www.jeuneafrique.com/1216821/culture/elgas-toute-purete-identitaire-est-une-forme-dillusion/.

IV
EXTENSÃO DO DOMÍNIO DA FRANÇÁFRICA

NO CAMPO INSTITUCIONAL

Esse relatório nasceu de uma preocupação, a de impedir o declínio da influência de nosso país no mundo em geral e na África em particular. Ele tem como propósito uma prioridade: estimular o crescimento de uma França insegura, apesar de seus inúmeros trunfos e, sobretudo, do conhecimento e da intimidade com um continente africano em plena transformação que, além disso, exprime com frequência um "desejo de França". [...] Em resumo, na história das relações entre a França e os países africanos, houve o período colonial, a descolonização, o período pós-colonial ou neocolonial ao qual alguns denominaram Françáfrica; gostaríamos de definir os contornos do que amanhã deveria ser uma relação adaptada a um continente em plena transformação, uma relação adulta, repensada e renovada em torno de uma parceria calcada na reciprocidade dos interesses assumidos.

Gostaríamos também de delinear os traços de uma nova estratégia para a África, tendo como elemento-chave uma reflexão global e com propostas concretas.

L'AFRIQUE EST NOTRE AVENIR
Relatório do Senado francês de 2013

Com muita frequência, a conveniência do discurso geral se limitava a circunscrever a Françáfrica a uma simples esfera de interesses políticos. Porém, o espectro é bem mais amplo. A realidade é muito mais irônica, pois, ao enxergarmos apenas a dimensão vertical da soberania, acabamos esquecendo que a França tem uma presença diversificada e que, aqui também, aqueles que a atacam fazem uma escolha em muitos aspectos improdutiva e, sobretudo, conveniente para o seu catecismo. Esquecemos, então, que a França continua inteira e sua presença na África compõe um ecossistema completo — econômico, político, humanitário, esportivo e cultural. Esse conjunto é totalmente coerente, e vilipendiar a diplomacia política significa esquecer a diplomacia da proximidade, mais delicada, mais eficiente, capaz de estabelecer os laços que almejamos romper com a ordem da lógica de dependência. Explorar essa galáxia significa se aproximar de realidades que ainda são incômodas, pois a França estendeu sua influência aproveitando as lacunas de seu antigo estatuto, e seu único adversário acaba sendo o bloco de outros atores geopolíticos, destituídos de passivo colonial.

Além do domínio cultural e das lutas intelectuais, a nova versão da Françáfrica estende sua influência em quase todos os domínios. Sem dúvida, o mais evidente é o plano econômico. A África é uma zona de interesse e de predação francesa, e isso é um segredo mal guardado pelo Ministério das Relações Exteriores e suas agências. Nesse sentido, as terminologias eram convincentes: *área de influência*. Sinônimo de um privilégio da longevidade e do vínculo, ela emerge de uma extensa zona de desenvolvimento, que continua forte apesar das mordidas dos concorrentes e da desconfiança que desperta nas populações. Sejam elas instituições parlamentares como o Senado, agências de desenvolvimento como a AFD, incubadoras de projetos digitais e midiáticos como a CFI, gestões interculturais com equipes enormes e dedicadas, não faltam agências para produzir uma enxurrada de relatórios sobre a África, sua economia e seu futuro. Perante essa grande fecundidade, as mentes esclarecidas no continente acreditam ver nisso o símbolo da neocolonização em funcionamento. Uma fome avarenta, percebida como nociva, e um interesse renovado em termos tão fervorosos que revelam propósitos no mínimo gananciosos. Mas, se por um lado o fenômeno não é recente, por outro, ele agora é questão para outras potências, quer elas tornem ou não explícitos seus apetites em um continente que se torna — ou será que alguma vez deixou de ser? — uma zona de expansões de batalhas imperiais.

Uma importante literatura sobre *a era da África*,[122] também chegou para contribuir com tons mais vitoriosos à narrativa continental. Provavelmente, é a AFD que tem as produções mais ambiciosas e detalhadas, e a maior parte de sua presença e de seus projetos implementados é acessível para todos. A AFD é um ator importante para o desenvolvimento no continente. Apenas mais uma, depois de tantas empresas que se apropriaram

122 SEVERINO, Jean-Michel; RAY, Olivier. *Le Temps de l'Afrique*. Odile Jacob, 2010.

de uma boa fatia da economia, por exemplo, do Senegal (Orange, Total, Eiffage, Auchan etc). Com a propagação de marcas francesas, a expansão capitalista mais comum acompanha os privilégios adquiridos durante a colonização e, nessa mesma esteira, a proliferação dessas empresas é percebida como o próprio símbolo da corrida pela África. Muitos movimentos, com graus variados de atuação, exigem uma ruptura clara com essas multinacionais. Mas a AFD, por sua vez, desempenha um papel mais discreto e sutil. Com um poder de intervenção financeira superior ao de muitos Estados, bem inserida, informada, recrutando de acordo com as necessidades locais, ciente das mutações e das vontades, além de atrair uma parcela das elites, adquiriu tardiamente técnicas do *indirect rules*[123] para propor um caminho comum para o desenvolvimento. Mesmo que suas ações tenham trazido benefícios em termos de auxílio efetivo — o que, aliás, está comprovado —, continua sendo culpada para muitos, simplesmente por ser uma instituição francesa. Porém, seu enorme campo de atuação fez dela um ator incontornável, o financiador renomado de inúmeras iniciativas. É um investidor de novas tendências no continente com o qual temos de lidar. Para alguns rebeldes, pode até parecer que a AFD não seja um mal, ou que seja um mal menor. O que os impele a colaborar com essa instituição ao mesmo tempo que criticam a França, dissociando-se dos dirigentes da AFD que, por reproduzirem a ladainha dominante, acabam parecendo menos franceses do que simples parceiros econômicos.

Os exemplos de desenvolvimentos da Auchan e da Orange são bem expressivos nesse sentido. As duas com-

123 HIRIBARREN, Vincent. "L'héritage spatial de l'Indirect Rule au Nigeria", *Hérodote*, 2015.

panhias se adaptaram às realidades locais pactuando com a preponderância da informalidade, os padrões de consumo local, investindo nos códigos de representação locais e traduzindo a linguagem dos desejos endógenos para o capitalismo vitorioso. Prova — como se isso fosse necessário — de que o liberalismo, que o venerável Samir Amin[124] muitas vezes criticou, está alcançando o apogeu. Os países africanos exaltados até mesmo pelas catedrais *decoloniais*, como Ruanda, sucumbiram ao liberalismo. Como ele não está mais em um esquema vertical de imposição, é o formador não apenas de um imaginário, mas também de uma utopia local que gera empregos e garante circuitos profissionais e produtores locais. Embora a realidade dessa transformação, por muito tempo reservada à classe média, esteja se democratizando, ela não ocorre sem uma certa amargura, pelo fato de deixar tamanho potencial nas mãos dos franceses, com a possível, mas nunca realizada, repatriação da renda. Auchan, símbolo dessa presença que tem se tornado indispensável, com regularidade destaca toda uma forma de impotência local na selva do capitalismo e se torna alvo de animosidade por parte daqueles que exigem sua expulsão na condição de estandarte francês. No entanto, cada vez mais pessoas saúdam essa empresa como símbolo integrado do cotidiano nacional que, em dez anos, está prestes a se tornar uma das principais em termos de empregos formais criados pelo setor privado desde as independências. Uma afronta às políticas econômicas, à falta de uma engenharia e à inconsequência de uma conduta reivindicativa que morde e assopra, num só gesto.

124 AMIN, Samir. *Le Virus libéral*. Le Temps des Cerises, 2003.

NA MIDIOSFERA E SUA INCUBADORA

As pontes econômicas assim lançadas também proporcionam à França acesso a recursos humanos. E no continente, ele é abundante. A metade dos próximos dois milhões de habitantes terá menos de 25 anos. Se não notarmos nos países da África negra previsões substanciais, um senso de planejamento e antecipação, como observamos nos déficits atuais e principalmente no que diz respeito aos sistemas educacionais, podemos apostar que essa juventude alimentará os apetites mortais de pensamentos e ideologias criminosas. Ambos poderão disputar entre si a energia e o sonho dessa juventude abandonada à própria sorte. Sempre desejosa de pegar o trem andando, cansada de apodrecer na plataforma e de não ter qualquer perspectiva local, tendo desacreditado da política e julgado seus políticos corruptos, essa juventude não tem interesse em saber de onde vem a promessa de realizar seu sonho e qual é sua nacionalidade. Foi assim que nasceu o *demografismo*, muito distante da demografia. Ele designa o triunfalismo natalista respaldado pela narrativa capitalista que projeta sobre o continente uma visão mercantil, longe de se preocupar com os desafios e sua urgência. Faz do epicentro da população mundial um centro de fato, mediante projeção e narrativa, e todos os problemas relacionados a transições demográficas problemáticas desaparecem com esse *demografismo*.

É nesse foco populacional de sonhos juvenis que a segunda classe de *rebeldes alienados* é recrutada. Trata-se de uma força muito jovem, na aurora da idade, ansiosa para florescer, dinâmica, um tanto urbana, cheia de projetos, que as mídias captam, vestem, expõem e enaltecem com uma narração apaixonante como já foi explicado.[125] Essa juventude conectada se torna o novo alvo das discussões de ONGs internacionais que, cientes da falência política, contornam as instituições para falar diretamente com a população jovem. Uma vez selecionados, escolhidos a dedo, bajulados, contentes e satisfeitos, essa situação representa um benefício inestimável para esses jovens eleitos, que passam a ser os emissários de ideias vazias e ineptas, como a do *empreendedorismo*, visto como a panaceia para o desprezo das estruturas econômicas básicas do continente. Empreendedorismo, um dispositivo liberal, a ilusão que vai resolver os graves problemas de desemprego. Mas essa juventude, na ilusão de seu ativismo e a realidade de sua inserção na narrativa recente, leva a sério seu papel e acredita nele. Ninguém afirma mais nada a não ser pela linguagem e pelo léxico desse novo paradigma liberal e voluntarista que sempre repete o *slogan* publicitário das grandes marcas esportivas. *You can, impossible is nothing, just do it*… A capacidade e a possibilidade se tornam as roupagens da utopia nascente, e a juventude financiada passa a ganhar prestígio antes de ter produzido qualquer coisa. Estes são os únicos apoios disponíveis para inúmeros jovens que têm como caixa de ressonância apenas os seminários, os encontros internacionais, para os quais são convidados por instituições francófonas, como por exemplo em Liège em 2015.[126] Esses jovens, que nunca tinham viajado, agora encontram uma comunidade e uma família, e o único

125 ELGAS. "'L'inachèvement' est une promesse d'avenir", *Revue Présence Africaine*, 2017.

126 Forum de la langue française — Liège 2015, *Agora Francophone*, Philippe Lawson. Disponível em: https://www.agora-francophone.org/FORUM-de-la-LANGUE-FRANCAISE-Liege-2015.

interlocutor para seus sonhos são os países estrangeiros, com a França situada no centro da África francófona. As instituições africanas nunca tomaram uma iniciativa. Até mesmo o pan-africanismo é um exílio que conta com o retorno, daí a formulação de Marcus Garvey, que o define como um *movimento de retorno*. Mas não existe viagem de retorno sem bagagens. Trazemos de volta o que poderia ser chamado de *sarica*[127] em uólofe, por exemplo. O presente que faz sonhar com outros lugares. Exibida, alimentada, embranquecida, elogiada: é assim que encurralam a dissidência na deliciosa mordaça do festim. A prestação de contas é uma matriz de dívidas que anestesia, aprendemos isso na sociologia da doação. Não poder retribuir provoca afonia e conclui o processo de submissão na lógica dessa doação quase agonística.

Esses jovens se tornam, exatamente como os intelectuais e os artistas, *outdoors* da cultura francesa e da influência ocidental; e o são mais ainda na medida em que se defendem disso com veemência. Acusar esses jovens, cujo entusiasmo está dividido entre o abandono de seus líderes e o *maternalismo* oferecido por países que, de todo modo, eles desejam pelo *status* que lhes é conferido, seria uma covardia. Eles são fracos e indefesos. Seu único recurso, o sonho, é realizado em outro lugar. A compostura exige que não os ataquemos. Temos que caçar no alto escalão. Lá nas alturas, e essa é uma lição de resistência, o ar é rarefeito e assim podemos escolher a dedo os fanfarrões. E é aí que se encontram os candidatos a serem interpelados. E de fato é necessário e urgente averiguar os verdadeiros propósitos daqueles que adminis-

127 ELGAS. "L'interminable crépuscule des satrapes", *Elgas.fr*, setembro de 2016. Disponível em: https://elgas-site.fr/2016/09/07/linterminable-crepuscule-des-satrapes/.

tram todo esse alvoroço improdutivo cuja ilusão enche os balões da euforia. Em suma, os rebeldes alienados não devem sair de mansinho sem que nos dignemos a nos interessarmos por aqueles que administram essa agenda de propaganda suave e tão bem lubrificada, que apresenta diferentes jovenzinhos sentados nas mesmas varandas luminosas, com seus bustos comuns confrontando-se por escaramuças em uma "guerra limpa".

A cúpula Montpellier entre a França e a África, ocorrida em outubro de 2021, não poderia ser um símbolo mais expressivo. Dessa vez, *exit* dirigentes barrigudos e a imagem degradante desses presidentes flertando com a velhice na escadaria do Palácio do Eliseu. Agora é a juventude que é convidada, bela, soberana e com uma irreverência que compensa a deferência dos antigos. Para o que deveria marcar uma ruptura e a inserção em um novo paradigma de trocas. A garantia de transparência é dada pela transmissão ao vivo de todas as etapas desse *networking* de uma nova ordem. Destaque para Macron no meio do ringue, dialogando com jovens brilhantes e combativos, escolhidos a dedo. Durante horas, o presidente aguentou firme as críticas mais ferrenhas, que se tornaram ainda mais mordazes, inclusive com uma animosidade franca e direta. Cada interventor tirava um pedaço do couro da França. Macron, grandioso, estava em casa, sempre sorridente. Professor na adrenalina da arena, boxeador confiante de sua autoridade apesar da dureza dos golpes, desarma, neutraliza e explica. No fundo, ele está sendo a estrela, justamente por ser o alvo. Sua firmeza é calculada. Ele responde, todo gentil e simpático. O que pode desarmar mais do que um abraço amoroso naqueles que vão para cima de você como feras? A sequência provoca discussões, críticas, acenos, pouco importa. Para o Palácio do Eliseu, a impressão de ter ouvido, aceitado o debate, de fazer as pazes, de voltar a ter uma relação de horizontalidade e de prometer um novo ímpeto é um ganho considerável. Achille Mbembe, piloto da cúpula, parece empolgado, ele, o teórico do pós-colonialismo. Seus detratores apontaram sua captura pela caçada elisiana como um despojo de guerra. Ele se esquiva, se satisfaz com a cúpula e contra-ataca aqueles que clamam que tudo isso é uma farsa. Macron sabe angariar vozes importantes. Sabe estender a mão, se não para esmagá-las, ao menos para mantê-la firme e anestesiá-las com uma nova oferta disruptiva.

Com a assistência de um conselho presidencial sobre assuntos da África, ele sabe como ter o apoio da jovem guarda diaspórica, bem informada sobre os desejos da juventude do continente. Nessa configuração, é preciso de um peso-pesado intelectual para definir os contornos. Enquanto Mabanckou recusou de maneira estridente a missão sobre a francofonia, Felwine Sarr aceitou aquela que tange a restituição das obras de arte. Achille Mbembe segue os mesmos passos deste, seu binômio. Quem irá penetrar as mentes e os corações para comprovar se esta é uma estratégia cínica ou não? Por enquanto, vamos partir do princípio de dar crédito aos atores da sinceridade e da boa vontade pelo real desejo de começar com o pé direito. Mas o resultado é terrivelmente datado para o que se pretende ser uma novidade. Os idealizadores não estão isentos de sofrer as mesmas críticas que vêm sendo expostas. É a mesma coisa, só que com alguns ajustes e um teatro restaurado. Em contrapartida, para avaliar melhor essa etapa — menos espontânea, mais calibrada e organizada —, não se pode fazer mais do que esse vale-tudo firmemente preparado que promoveu a imagem de jovens que pareciam esperar demais da França, e não de si mesmos ou dos governantes que elegeram, na melhor das hipóteses. A França sabe que essa incubadora deve ser levada em consideração e os arranhões são mínimos. Os presidentes africanos, ausentes, são os outros grandes perdedores. Sua juventude nunca se dirigiu a eles de modo tão direto.

Macron consegue diabolicamente desferir seu golpe; por procedimentos desconcertantes e, sem dúvida, inconscientes, faz com que os presidentes africanos assumam suas responsabilidades. Vocês queriam que eu jogasse o jogo, entrasse em campo e aguentasse sozinho? Pronto. Agora é com vocês. E vocês? Não é preciso lembrar que os presidentes africanos jamais assumirão um compromisso como este e que, com relação aos problemas africanos, a juventude africana voou até Paris às custas de seu algoz, para lhe exigir as prestações de contas do seu futuro. Metáfora de uma Paris eterna, coração das trevas e das graças, centro decisório, mesmo para as gerações mais jovens que foram elogiadas pela falta de complexo. Cada um deles fará o próprio caminho, encontrará nele a expressão da vassalagem permanente ou a admissão de uma impotência, mas o que poderia unificar é essa constatação: quanto mais contestador o discurso for, mais parece sujeito à lógica das contradições, benignas até certo ponto, aniquiladoras para além dele. Parece que estamos aí. Naturalmente, surge a questão financeira. O *de onde está falando?*, antigo lema comunista, é substituído pelo *follow the money*. É através dessa outra ferramenta que a escravidão está assumindo uma forma mais palatável.

O nervo da guerra, como já deu para perceber, é o dinheiro. Com a imigração econômica, os intelectuais cujas reputações ela cria, os jovens que financia, os eventos culturais que promove, os sonhos que vende, a França e seus representantes sabem: eles têm uma enorme vantagem que lhes permite ver com calma a chegada dessa nova rebelião cujo contradiscurso ela consegue alienar sem deixar que isso transpareça. Não precisa confrontar, mas delegar. Esse poder também pode ser verificado nos meios de comunicação.

As verdadeiras ditaduras, sobretudo de opinião, sempre construíram não apenas barricadas higienistas, mas também anti-heróis. Sempre é necessário criar adversidade, ainda que de modo fictício, para atribuir coragem a si mesmo. Essa é a engrenagem mais sutil da fábrica de novos rebeldes. Na batalha decisiva das mídias e da informação, as mídias francesas e inglesas ganharam as audiências africanas. Inclusive é possível destacar uma importante influência. Com uma atuação impressionante ao longo da história e números de audiência gigantescos para mencionar apenas dois monstros, RFI e BBC, que detêm alto índice de credibilidade de informação e seus canais são a referência local. São mídias fortes, ouvidas, respeitadas, bem estabelecidas, com uma rede de cobertura capaz de alcançar os rincões mais inacessíveis do continente. Colocar tudo isso lado a lado com o novo ecossistema de redes sociais e a bolha eufórica da juventude mimada só poderia dar origem a uma *midiosfera diaspórica* que coloca a agenda e os atores em cena. À tarde se celebra o gênio das futilidades, à noite, as sombras do crepúsculo apagam sua chama, como aconteceu em Montpellier. A Audiovisuel Extérieur de France, que se transformou na France Médias Monde e agrupa a France 24 e RFI, está ciente de sua posição de força no continente. Ficamos pendurados nos dois seios da ama de leite, apoiando-nos em ambos para termos a ilusão de um espaço livre, sem poder celebrar plenamente a emancipação. Independentemente dos esforços e do profissionalismo dessas mídias, louváveis em todos os sentidos, continuam sendo as vozes oficiais da França.[128] Embora o tom dos discursos ali proferidos já não seja crepuscular e tenha mudado quase completamente, essas mídias permanecem quase franco-africanas. O procedimento da fábrica tem menos a ver com barreira do que com possibilidade. A censura e a filtragem não têm a ver com proibição. Contudo, essas mídias não são capazes de garantir uma total pluralidade, representativas das vozes da África. Por um lado, não partem dessa prerrogativa, por outro, a despeito de esforços, elas despertam desconfiança por estarem atreladas à França. Por consequência, nessa delicada aliança, a ilusão de liberdade é o viático das verdadeiras mídias, cujo "censo" profundo, segundo a lógica de Philippe Riutort,[129] redefine o verdadeiro propósito nas sombras. A agenda midiática, a escolha da programação, a luz que ela emana, hierarquiza, normatiza e define os contornos de uma legitimidade. Essa preponderância sobre a prescrição continua a lhe conferir um verdadeiro poder. A crise de desconfiança na mídia que estamos testemunhando em escala global nasce da dicotomia entre a necessidade de um *mainstream* sempre vivo e a certeza absoluta de que ela está a serviço de um novo oligopólio cujo aparente liberalismo é conservador, no sentido de preservar o que já foi conquistado, mas progressista com relação ao discurso *diversitário* que agora se mostra atraente. Em Le Monde Diplomatique, Serge

128 PIGEAUD, Fanny; ESSOUNGOU, André-Michel. "Les Voix de la 'Françafrique'", Le Monde Diplomatique. Disponível em: https://www.monde-diplomatique.fr/2022/09/ESSOUNGOU/65009.

129 RIUTORT, Philippe. *Sociologie de la communication politique.* La Découverte, Paris, 2007.

Halimi[130] pontua essa convivência emoliente coberta de certezas, cujas garantias verticais enrijecem opiniões que não tardarão a serem julgadas ou descritas, a depender da escolha, como populistas, frustradas, fóbicas e mal compreendidas. Não conseguiríamos encontrar palavras menos gentis. É nesse campo abrangente que a midiosfera diaspórica evolui, com uma ascendência recente por causa de suas novas declinações, em que o importante é uma certa institucionalização da bajulação e, para afastar as suspeitas, se dedicar à crítica e ao contradiscurso em um simulacro perspicaz. Um cinismo elaborado com ares de benevolência em que, apesar do reforço exibido, mantém a relegação do continente africano, apresentado de modo que este artifício seja visto como menor do que de fato é. Trata-se de uma circularidade improdutiva, a orquestração de uma rinha de galos claramente sem nenhum impacto a não ser um entretenimento barato em que cada uma das partes consegue o que quer.

Poderíamos acrescentar inclusive o que é denominado na língua mandinga, no texto, de *bougna*, isto é, o apêndice: a profecia do pan-africanismo encontrou, ironicamente, executores testamentários inesperados, a RFI, por exemplo. Com seus 34 milhões de ouvintes africanos, com a maior parte de sua transmissão voltada para as preocupações do continente e o temperamento insolente de sua cobertura via FM e internet, a rádio satisfaz a ideologia nascida nos campos de escravizados, transmitida em várias línguas, inclusive em mandinka e em fula (peul) mais recentemente, com redação inaugurada de modo pomposo em Dacar por Marie-Christine Saragosse, diretora executiva da France Médias Monde, para a qual ela dedica

130 HALIMI, Serge. "La déroute de l'intelligentsia", Le Monde Diplomatique, 2016.

uma redação. Desse modo, exuma o esplendor do império de Sundiata Keita, ao proporcionar a oferta linguística. Mas é em Issy-les-Moulineaux que o sonho de união sob a bandeira de uma afinidade de línguas se cumpre e resplandece. E sob uma bandeira do serviço público francês! Pelo menos em sua forma mais palpável, e é sempre na França, ora no Collège de France, ora no Institut Français, para variar, que se escreve e se pensa a África.

NO ESPORTE

Vocês querem ver isso no esporte? O país que valida o sucesso dos talentos africanos da zona francófona, onde atuam nativos africanos que compõem as seleções nacionais, continua sendo a França! Os *gaviões*, os *leões*, os *simbas*, totens animalescos que supostamente garantiriam a africanidade, mal escondem as folhas de pagamento, percursos de glória e vidas cotidianas francesas. O sucesso se confunde com o exílio nos campeonatos hexagonais. Essas joias só pensam na Europa. Na última temporada da missa do futebol continental, os assalariados do futebol francês chegaram para provar uma fatia do país e do orgulho nacional, inaugurando essa grande honra. O rejuvenescimento periódico, assim como os reencontros familiares, adensa a atmosfera com um fervor irreal. A corte dos exilados regressa para provar uma ração revigorante. A Copa Africana das Nações (CAN) também tem como patrocinadores oficiais a Total Energies e a empresa de telecomunicações Orange. Ambas desfilam nos painéis publicitários nas margens do campo, quase no limite da invasão. Nos bancos das seleções nacionais, o reinado dos *feiticeiros brancos* continua a atrair olhares incrédulos. Vários centros de detecção e de formação franceses estão investindo na África, com a instalação de estruturas e firmando parcerias com os times. O objetivo de todas essas manobras: descobrir os novos Sadio Mané, a quem todos esperam e cuja aura eterna só o Ocidente pode oferecer. Quando Arsène Wengner,[131] em seu único equívoco, fez a declaração de que não tinha certeza se Kylian Mbappé teria tido a mesma carreira caso tivesse nascido no Camarões, surgem acusações de escândalo racista, desconsiderando algo muito simples: é no Ocidente que jovens sonham em desenvolver suas carreiras, pela qualidade do apoio e o sonho de "*chegar lá*". Essa fuga de talentos poderia ter sido encarada como um movimento inevitável da vida. Os talentos viajam pelo mundo todo, alimentam invejas, porém o mais desconcertante é a falta de repercussão do futebol local, minado, sem perspectivas, que só é visto como uma incubadora onde se vai para caçar seu tesouro. Isso não cria emulação local nem urgência, e inclusive contribui para alimentar fortemente o mito de um outro lugar, muitas vezes francês, para o espaço francófono.

A França está em toda a parte. E quanto mais a rejeitam, mais retorna. Poderíamos até fazer vista grossa, mas a veríamos se expandir e voltar como um bumerangue diante daqueles que a repelem: quanto mais longe for lançada, mais rápido volta, marota. Ninguém duvida de que o mal-estar esteja aumentando. E os jogadores sabem disso: durante o ano inteiro, estão trabalhando em outros países, onde o dinheiro é levantado; a CAN é a única oportunidade que têm de se atualizar sobre as notícias do país,

131 "Le football sud-américain furieux contre Wenger après sa phrase sur Mbappé", RMC *Sport*, jun. 2022. Disponível em: https://rmcsport.bfmtv.com/football/le-football-sud-americain-furieux-contre-wenger_AD-202206150028.html.

de ainda vestir algum patriotismo para lhe atribuir sentido, de mergulhar de novo no cotidiano das alegrias que o exílio havia secado. Como uma missão que lhes resta, um retorno simbólico, que permanecerá — ao menos para alguns — mesmo após o auge de suas carreiras, durante a aposentadoria definitiva. Símbolo entre outros, Samuel Eto'o, após uma das carreiras mais fulgurantes na Europa, volta para a terra natal, tornando-se o presidente de sua Federação. Esses exilados, uma vez regressados, entregam o coração como heróis admiráveis de uma redenção com vários obstáculos. Cada uma de suas façanhas será encarada como um desafio contra uma ordem que não consagra plenamente sua alegria, sua realização como seres que abriram mão dos seus lares.

Voltar para casa, portanto, é uma ocasião especial, não se constrói a própria glória em casa. O cotidiano, única expressão que comprova o mero pertencimento, é gratificante no outro lugar. Nas representações, isso na verdade dá origem a um país substituto, mais conveniente, uma câmara que abafa essa raiva surda e essa impotência: a *diáspora*. Ela tem como capital Paris e outras megalópoles ocidentais. Neste país de refúgio, consolo em que os longos anos de imigração proporcionaram a criação de uma comunidade de almas entre eternos estrangeiros e *souchiens*[132] impossíveis, a diáspora está

132 *Souchien* é um neologismo criado a partir da palavra "souche" (decendência) e do sufixo nominal francês *-en* (-ano), a partir da expressão "français de souche" (francês de origem), para designar os brancos da França que se consideram superiores à parcela da população racializada. O termo é atribuído à Hourie Bouteldja, porta voz do movimento Indigènes de la Republic, que o utilizou pela primeira vez em 2007 durante uma transmissão televisiva, em que acusava os *souchiens* de não conhecer a fundo a história da escravidão e da colonização perpetradas pela França. Ver em KAHN, Rachel. *Racée*. Paris: Éditions de l'Observatoire, 2021. (**N.T.**)

protegida. Evocação de uma comunidade nacional e continental impossível de viver plenamente. Território híbrido onde nasce uma fraternidade singular na qual é possível escolher livremente um *rapper*, Booba, para cantar na cerimônia de abertura da CAN. Justo ele que só tem ascendência senegalesa do lado paterno, e cujo vínculo é uma postura meramente secundária e reivindicativa, e cuja parte essencial do sucesso e da fortuna acabam indo parar nos cofres de Bercy. Para os jogadores, só mais tarde é que as missões se tornam nobres. Em geral, depois de terem acumulado fortunas e glórias, é hora de voltar. Até mesmo montam o cavalo de batalha pelo continente agora que a maioria dos riscos ficou para trás: é o caminho de Compostela, quase profético, de uma glória revelada a partir das vocações. É o caso do ex-tenista Yannik Noah, que agora recebe Macron no Camarões. A África fica por último nesse percurso, pois ela só se torna objeto de interesse depois que as pessoas já estão bem de vida. Quem se atreveria a culpá-las? Em um salve-se quem puder mais ou menos aceito, a fuga pode assumir diversas formas. A negação de si, inclusive a autodepreciação, é consubstancial à verdade deste percurso, às saídas obrigatórias e à assimilação tácita de que, para ter sucesso, é preciso partir. É dessa maneira que, a partir dos fatos, o imaginário vai sendo construído. Esse é o cerne do mal-estar diaspórico.

Seria possível expandir essa teia de aranha francesa citando cada associação humanitária e cada estrutura ocidental na linha de frente para aliviar crises agudas, relacionadas à desnutrição, a doenças e problemas infantis. Todas essas iniciativas promovidas por ONGS estrangeiras ou por estrangeiros, ocidentais na maioria das vezes, também são decisivas; contribuem involuntariamente para a consolidação da imagem do salvador estrangeiro, criando uma dívida e um complexo de inferioridade. Tudo se encaixa, pois os excluídos recorrem a ofertas disponíveis correndo o risco de fomentar esse mecanismo esquizofrênico.

NA DIÁSPORA: IMIGRAÇÃO, RECOLONIZAÇÃO?

Os exilados adultos conhecem bem essa amargura, sobretudo quando sentem — e com razão — que tiveram de abandonar, além de seu país, seu *status*, o reconhecimento social de que desfrutavam. Aliás, eles eram professores, médicos, advogados, engenheiros e se vêem na obrigação de refazer provas tarde demais, sem qualquer equivalência, embora estejam em situação de alta vulnerabilidade psíquica, afetiva, econômica, familiar etc. Eles lidam bem com o retorno ao passado, mas em excesso. Esse passado é essencial para que se lembrem de quem são, mas se torna fatal na medida em que os lembra de que já não são aquilo, ao menos exterior e socialmente. Esse vínculo com o passado, totalmente necessário e estrutural para o sujeito, se converte em um não-aliado e uma fragilidade. [...] Com isso, o sujeito vai se desvitalizando aos poucos. Não sucumbe ao ressentimento mais hostil. Ele se afoga na amargura, sem capacidade de fazer qualquer coisa com esse "amargor".

CYNTHIA FLEURY,
Curar o ressentimento

A imigração, portanto, parece ser o meio cada vez mais perspicaz da *recolonização*. Ela valida a fuga. Ao quase institucionalizar um circuito da migração, onde o lado ocidental é o destino da busca *fundamental*, a imigração abre caminho para a adoção do outro. E, nesse sentido, as reminiscências históricas são cruéis: antes coagida pelo chicote no período escravagista, agora é coagida pela necessidade. Antes, colocava em cena um senhor e um escravizado. Hoje, o imigrante tem uma dependência econômica. E dele dependem economicamente vários familiares. Antes, media-se a saúde dos dentes para validar o bilhete de embarque; hoje, é o visto, triagem seletiva daqueles que têm direito a ele com a violência das desigualdades sociais. A profecia da "felicidade das migrações" é um capricho exclusivo às classes dominantes, pois sair de casa muitas vezes significa ruptura, constrangimento e desenraizamento. Em todas as classes, o denominador comum é a imigração econômica. A busca por melhoria, cuidado ou fuga. Independentemente da origem social, isso representa uma incompletude original e um descontentamento local que não é de ordem sentimental, uma vez que as pessoas mantêm um vínculo afetivo ali, mas de ordem meramente técnica e idealmente provisória. A imigração cria um país outro, imaginário. Nele, as pessoas são impelidas por buscas diferentes, mas com um motor comum que capitaneia o todo. O país onde se vai buscar recursos, cujo próprio país de origem não oferece, preserva uma preponderância que nenhum discurso é capaz de desmontar.

Os autores e intelectuais não estão isentos disso. Os livros não respeitam — é preciso admitir — demarcações geográficas. Vários motivos levam os escritores a se exilarem no jornal Le Monde. Nesse sentido, estão na mesma situação de outros imigrantes, não existe uma escala de prestígio. O barco de Lampedusa[133] é igual ao visto das áreas de embarque. Aqui o canal é menos importante que o levadiço. Ao esquecê-lo, a outra hierarquia macabra que sufoca a indignação contra os sepulcros submersos ganha forma. Como se a imigração não fosse a caixa comum de onde escapa tudo aquilo que existe de rejeição de um lugar minado e de outro sonhado apesar do seu potencial de expropriação. O material dos livros se baseia no referencial africano da raiva diaspórica ou dos frascos sem rótulos, para além da língua francesa que lhes serve de pinça.

Nesse jogo de viagem, melhor dizendo, de fuga, para perpetuar os ganhos financeiros e culturais, acrescentam-se as autoridades do primeiro escalão: presidentes e figurões religiosos, imigrantes sanitários circunstanciais que validam a rejeição da impotência local. Isso afeta até mesmo as elites, supostamente protegidas. Quando a saúde falha e os hospitais locais expõem seu mal funcionamento, essas mesmas elites vão realizar seus tratamentos nas melhores clínicas ocidentais, provocando em uma parcela da população que não tem esse luxo a inacreditável impressão de que os capitães estão abandonando o navio ou admitindo que ele vai para o ferro-velho. Marabus rápidos em desdenhar da França, dos políticos e dos artistas, todos cuspindo por antecipação no futuro túmulo ou, com alguma sorte, na própria salvação. As capitais europeias têm o costume de acolher esses doentes presti-

133 Menção ao trágico episódio ocorrido na ilha de Lampedusa em 3 de outubro de 2013, em que um barco de pesca que transportava aproximadamente quinhentos imigrantes virou e afundou a cerca de oitocentos metros da ilha italiana, deixando 368 mortos, 155 sobreviventes e vinte supostos desaparecidos. Por estar localizada mais próxima da África do que propriamente da Itália, Lampedusa havia se tornado o destino de muitos imigrantes africanos. (N.T.)

giosos que abandonam o navio em um naufrágio nacional. Último e trágico exemplo recente, o primeiro-ministro marfinense, sucessor do presidente Alassane Ouattara, Hamed Bakayoko, que morreu na Alemanha. Sendo assim, o que resta se os feitos ocidentais, foco de transmissão, o centro decisivo, a terra prometida, o refúgio, a redenção; se a aspiração à vida, ao poder e à influência significa uma necessária e violenta emigração que inclui seu símbolo de violência? Resta o *orgulho nacional*. Mas não no melhor dos cenários. Resta a fumaça dessa raiva sufocante. O eu, o eu profundo desejado, já não passa de um sonho, receptáculo de projeções, o futuro incerto e a celebração a esse *nosso desconhecido*, matriz de fantasias. A traição inconsciente é, na verdade, uma ferida original. Nas terras do exílio, oferecemos o melhor de nossa idade e, para nós, apenas as migalhas que sobram dela. O que pode resultar disso a não ser o desconforto, o mal-estar e a contra-acusação de um algoz tão óbvio?

Se fizermos uma pequena incursão nos detalhes das migrações a partir do caso senegalês, podemos observar tranquilamente as disparidades no *front* dos exilados. Os três períodos fundadores da imigração senegalesa na França — o dos pioneiros dos anos 1950 que vieram trabalhar na indústria, seguido pelo período de reagrupamento familiar a partir de 1976 que modificará de modo significativo o perfil demográfico e, por fim, o dos estudantes, que foi histórico, com um considerável *boom* nos anos 2000 com o Campus France, que fez com que os números chegassem aos milhares — resultaram em uma diáspora senegalesa fragmentada, cujas ocupações, interesses e urgências não coincidem. Com isso, são formadas entidades por vezes impermeáveis, e qualquer discurso que tente uniformizá-las esbarra nessas linhas de fratura que minimizam as distinções entre imigração de trabalho, de residência, de estudos ou econômica. Ao subestimar essas divisões, que exigem uma leitura serena e inclusiva, emancipada das tentações de definição por grupos homogêneos, seria possível obter respostas sobre o déficit de ancoragem dos discursos pan-africanos, pois o ritmo aparentemente diferente e os pontos de discordância são o resultado de interesses divergentes.

Para a diáspora senegalesa, a França continua sendo o destino privilegiado de muitos jovens, embora o Canadá tenha se mostrado uma alternativa viável. A infeliz afirmação do presidente francês Nicolas Sarkozy, referindo-se à migração seletiva como nova divisa de sua política migratória,[134] envolve mais do que uma mera promessa pois, na verdade, a imigração já obedece a uma forte lógica de seleção que só sorri para uma classe superior. Até mesmo a imigração clandestina, na maioria dos casos, exige uma arrecadação de fundos, condições econômicas que não estão ao alcance de pessoas comuns. Desse modo, a imigração permanece *mutatis mutandis* uma questão para as classes, senão abastadas, as que pelo menos dispõem de alguns recursos, com a busca econômica como base nodal do movimento.

Um outro aspecto é menosprezado com frequência: a imigração não busca exclusivamente recursos "financeiros". Na lógica da expatriação, há coisas que são mais "inestimáveis": a busca por liberdade, a fuga diante das coações locais e a descoberta de uma liberdade de deslocamento, de viver sem inquisição, no turbilhão do país

134 Durante sua campanha para reeleição na corrida presidencial de 2012, Sarkozy afirmou que na França havia "muitos estrangeiros", propondo medidas para endurecer as políticas migratórias no país, restringindo o acesso de imigrantes em situação regular aos direitos sociais. Sarkozy perdeu a eleição para o candidato socialista François Hollande. (N.T.)

estrangeiro. A complexidade social e o peso das expectativas familiares, sociais e comunitárias são vivenciados no exterior com mais recursos para aliviar esse fardo. Entre todas as diferentes buscas, trajetórias inalienáveis e a impossibilidade de traçar um vetor único e comum, o destino permanece: França ou Ocidente. Simbolicamente, opera-se uma relação de semissujeição, um complexo de dependência que é vingado por outro de rebelião, pois a busca por serenidade e segurança na vida é realizada em um território estrangeiro que continua no imaginário da desculturação e, às vezes, da enculturação.[135] Todas as defesas levantadas de modo a não sucumbir, como a manutenção do vínculo com o país, vínculo econômico, social, associativo, linguístico e afetivo, inclusive a busca de retorno físico posterior, não são capazes de apagar a realidade de uma condição: a inscrição em uma agenda francesa, centro a partir do qual são representados os episódios secundários. Como, então, vislumbrar serenamente relações com um país a que se tem o horror, símbolo e expressão de um rancor antigo, quando se vive e se forma lá, e onde alguns imigrantes almejam permanecer? A independência não é decretada nem com discursos, nem com ideias, nem com colóquios, ela se vive. Deve ser vivenciada, sob pena de cacofonia. Nessa vasta irreflexão reside um outro aspecto da alienação de um contradiscurso que, mediante a acusação, tenta se libertar da realidade de sua prisão com estratagemas cada vez mais rudimentares.

A extroversão do discurso e das economias toma um rumo mais sério com as transferências de dinheiro se tornando uma dádiva inesperada que desperta a cobiça. Embora aclamemos seu alcance e sua perenidade como

135 Termo pejorativo e de viés racista, que descreve a assimilação pela força.

força macroeconômica, rapidamente ignoramos o fato de que essas transferências são fruto de um escoamento cuja fonte, em grande medida, ainda é ocidental. Os 15% de PIB que entram no Senegal por esse viés são fruto de trabalhos externos, dependentes de seus respectivos mercados. Esse fenômeno contribui ainda mais para tornar o continente o palco de retirada parcial de capitais. O continente importa esses fluxos em valores fracionados, principalmente dentro das lógicas familiares, somas das quais certos setores da população dependem muito e que, em última instância, se tornam os pilares de uma economia pouco produtiva e cuja inventividade foi esgotada por lógicas governamentais tímidas e até mesmo medíocres.

Como um enorme lençol negro, a alienação se estende e encobre todos os aspectos vitais da imigração para o Ocidente. Questões memoriais, como a da autoestima, se tornam um discurso vazio para uma massa que almeja essas buscas, pois a única constante visível é a de uma juventude que se arrisca nessa aventura. O paradigma "decolonial", que encabeça a acusação de alienação, nunca foi tão forte, difundido e quase hegemônico quanto nos ambientes diaspóricos. E, no entanto, ao mesmo tempo, os destinatários desses discursos — para a grande maioria das populações jovens, submetidos a situações difíceis — não pensam em outra coisa a não ser ir embora. Isso diz respeito a 77% dos jovens senegaleses.[136] Os apelos para um retorno redentor ao continente, em sua versão atual, com muito menos alcance que o de Marcus Garvey e oriundos principalmente das diásporas, são um fluxo

136 "Émigration: 75 % des jeunes Sénégalais veulent quitter le pays (IFAN) ", *Seneplus*, maio 2017. Disponível em: https://www.seneplus.com/societe/emigration-75-des-jeunes-senegalais-veulent-quitter-le-pays.

para o continente, que atravessa o oceano com o sonho inicial das populações nativas. Isso demonstra o mal-estar e a irremediável dissonância entre o discurso desalienante vindo do Ocidente e o daqueles que poderiam vender a própria alma para ir embora e viver lá.

FESTA DOS ORGULHOS E PAÍS INTERMEDIÁRIO

Os netos da diáspora que estão descobrindo sua ascendência são mais intolerantes do que seus avós eram em casa, cuja religião era como uma língua materna, que eles falavam sem precisar pensar demais. Assim, o pós-moderno, que perde suas referências ao abraçar seu tempo, tenta se restabelecer voltando no tempo. É a memória como redenção e resgate de um exílio mais ou menos forçado, que lança nas metrópoles dessa bomba humana uma desorientação hipermnésica. O flutuante perdido ostenta seu lugar de origem mediante bótons, insígnias, véus, fios rituais, penteados e tatuagens, fronteiras exibicionistas e ambulantes. O fato de as religiões semearem aos quatro ventos, longe do rebanho, não significa que estejam inseridas tranquilamente nesse panorama. Com um gesto grosseiro, enfatizam deliberadamente seu sinal de desavença.

RÉGIS DÉBRAY
Éloge des frontières

O país da diáspora está na confluência de iniciativas de contestações jubilosas e viris. Elas são impulsionadas por uma energia juvenil e por uma comunhão inédita entre imigrantes de longa data e recém-chegados, de todas as categorias sociais, sob o traço comum de um pan-africansimo concreto, revigorado por um sentimento de dever para com o continente. Nessa grande constelação de desejo profundo de contribuir para a construção do continente, a África é sonhada à distância e no coração, a partir de um bistrô em Paris, entre outros redutos descentralizados. Por força das circunstâncias, Paris se torna um epicentro apreciado e odiado ao mesmo tempo, com o qual há de se conformar, por falta de dispor de meios para prescindir dele. Inúmeras conferências, debates, jantares, encontros oficiais e clandestinos são realizados lá; inclusive, mais do que no próprio continente. Somadas a outras megalópoles ocidentais que acolhem uma vasta diáspora, essas cidades se tornam uma terra acolhedora por si só, que ganha em força simbólica o que não ganha em ancoragem institucional, moeda, exército e impostos. Essa diáspora, como qualquer outra, e como escreveu o sociólogo francês Stéphane Dufoix,[137] estrutura, guia, propõe e goza de sua influência.

Mas no caso especificamente africano, a simbologia das partidas por motivos diversos e a realidade de um poder financeiro superior à força endógena posicionam a diáspora em um lugar de protagonismo. Essa voz é importante. Ela é decisiva. E esse poder muitas vezes não deixa de se transformar em um modo de arrogância, apesar da franqueza benévola de suas aspirações e vontades. Desse modo, a diáspora, ao perceber seu poder de atração, promulgou novas ambições institucionais. Ela almeja se tornar um Estado real, o que, aliás, já é sim-

137 DUFOIX, Stéphane. *Les Diasporas*. Que sais-je, PUF, 2003.

bolicamente, com a unção da Unesco[138] e que, mesmo de maneira breve, compõe o sonho. Já há alguns anos, a organização internacional vem dedicando o Decênio das Pessoas Descendentes da África ao restabelecimento dos laços com a diáspora. Usando a cor como elemento unificador, ele reivindica a divergência de trajetória e assume a missão de falar pela comunidade que formou. Quando se trata de batizar essas novidades, não é preciso ir muito longe: o pan-africanismo oferece um serviço e um bom nome, com prestígio histórico. Com uma série de conferências nos *universos negros*, a palavra de emancipação germina no coração da França, que se tornou uma tutela excessivamente invasiva, o antigo algoz dos pais e do qual agora é preciso se separar com grande alarde. É impressionante notar a quantidade de eventos, com temas sempre idênticos, que lotam os programas culturais, com os mesmos ídolos, as mesmas lendas, as mesmas vontades, as mesmas contradições e os mesmos locais. É todo um ecossistema formado dessa maneira, com tentações de secessão, a celebração de termos que se tornaram mitos: os "em-comuns", a não-miscigenação e a solidariedade racial. Um ativismo sofisticado, com abuso semântico inovador e a ideia de uma proximidade que abole as fronteiras no próprio círculo da comunidade diaspórica. A diáspora enxerga, através de um prisma deformado, o continente fantasiado ou idealizado a partir de uma nostalgia — que continua sendo um sentimento, e não um fato histórico — e às custas de reinvenções variadas.

No entanto, em seu seio aparecem, de maneira visível e irrefutável, disputas de castas e de classes, de linhagens

138 "Décennie internationale des personnes d'ascendance africaine (2015-2024)", *Unesco*. Disponível em: https://www.unesco.org/fr/decades/people-african-descent.

e fissuras, que condenam convergências julgadas como estabelecidas. Nela se encontram os frequentadores de instituições sociais francesas: o Fisc[139] para a classe alta, e a Caf[140] para a classe inferior, uma metáfora das disputas de classes veladas que se refletem na composição dessas entidades. Prova cabal, um episódio recente, etapa fundamental na nova configuração das relações: no dia em que Emmanuel Macron recebe o presidente de Gana, Nana Akufo, que se tornou uma inspiração para a África que diz não — por ter dito o que já era óbvio —, na mesma ocasião, também recebe a elite diaspórica no Palácio do Eliseu, nos salões dourados do poder francês, onde essa classe de frequentadores de prestigiadas escolas, escolhida pelas *start-ups*, na vanguarda do discurso afro-otimista, marca sua presença. No mesmo momento, os indocumentados começavam a operação *gilets noir no Panthéon.*[141] Espelhadas, as duas cenas são

139 Administração fiscal.

140 Sigla para Caisse d'allocations familiales, isto é, o Fundo de Auxílio às Famílias.

141 *Gilets noirs* (em português, "coletes pretos") é um coletivo formado por indocumentados (*sans-papiers*, em francês) e conta com o apoio de diversos coletivos, dentre os quais La Chapelle Debout e Droits Devant, que lutam pela igualdade dos imigrantes, refugiados e indocumentados, além de alguns grupos anarquistas. No dia 12 de julho de 2019, os *gilets noirs* ocuparam o Panthéon durante quase quatro horas. Os ocupantes foram retirados mediante forte repressão policial. Ver: SALL, Rouguyata; MATHIEU, Mathilde, "Os *gilets noirs* reocuparam Paris", *Médiapart*, reproduzido no Brasil pela revista *Jacobina*, em outubro de 2023. Disponível em: https://jacobin.com.br/2023/10/os-gilets-noirs-ocuparam-paris/; ver também: "Qui sont les 'Gilets noirs' qui ont occupé le Panthéon?", *France Inter*, 13 jul. 2019. Disponível em: https://www.radiofrance.fr/franceinter/qui-sont-les-gilets-noirs-qui-ont-occupe-le-pantheon-9540359. (N.T.)

impressionantes, como se fossem o próprio símbolo da cisão entre duas entidades com interesses distintos, com a violência de um conflito silencioso de uma comunidade que os defensores de um Estado diaspórico deveriam unir. Passagem pouco comentada, isso aconteceu na capital parisiense, e foi abafada. E as *selfies* com aparência requintada acabaram roubando a cena dos *gilets noirs*, que, por sua vez, foram perseguidos.

Há muito tempo excluída do campo de análises, a realidade da classe social, grande esquecida da aventura decolonial, está ressurgindo. Essa mesma distorção pode ser estendida ao continente inteiro, onde as mesmas lógicas de urgência variam conforme a agenda. Mas, ainda em Paris, nas grandes manifestações do universo negro e na busca pela identidade, nunca ou quase nunca a urgência está interessada nos supostos irmãos da migração clandestina que se tornaram párias e cuja situação afeta o discurso sobre a autoestima. A população, por sua vez, está preparada para aguentar os piores abusos por um pouco de Ocidente ou de conforto, muitas vezes obtidos ao preço da autonegação e de diversas humilhações. No centro cultural La Colonie, onde se materializa essa nova decolagem no coração de Paris ao longo de muitos anos, encontramos comunidades negras estranhamente homogêneas e elitistas, sem vínculos ou contato com o estrato social mais baixo. Mas com seus representantes, grande caixa de ressonância desse discurso da elite conectada, e com a potência de transmissão das redes sociais na nova narrativa, a agenda dos visitantes do Palácio do Eliseu e do La Colonie acaba predominando e enfeitando a do continente. Assim como os intelectuais e os atletas, se tornam a vitrine do continente, porta-vozes, entre outras coisas, do discurso “vencedor”.

Essa injunção performativa, aceita de modo inconsciente, ao reproduzir todos os códigos do liberalismo e toda a sua encenação de *winners*, acentua ainda mais a ruptura e revela as fraturas sociais na diáspora. Por outro lado, aqueles que não são "nada", para utilizar um vocabulário *macroniano*, observam com ceticismo e circunspecção toda essa reviravolta em andamento entre os líderes diaspóricos, exibindo a realidade de uma desconexão. E, no entanto, para essas pessoas, a França continua sendo o único ponto em comum além da cor. Uma pátria fiscal, pelo menos. É ela que os une e os conecta, ao oferecer-lhes uma geografia comum. A diáspora é mais uma região da França do que uma região africana por causa de todas as implicações imediatas e concretas que ligam os africanos estabelecidos em terra francesa. O vínculo com a França não é meramente administrativo se a afetividade patriótica foi deixada de lado, pois ninguém gosta do *algoz* ou se sente à vontade em seu território e, em última instância, há certo consentimento — ao vislumbrar o retorno hipotético para casa como libertação iminente — em reciclar essa relação na afetividade sentimental cujo fermento é a mestiçagem. Resta, portanto, esse fio tênue das relações pessoais, de emoções e amores diversos entre indivíduos, como promessa de uma felicidade possível entre ex-colonos e ex-colonizados. Uma terapia bastante precária, ancorada em um leito de rancores mortais. A mistura, aliás, é vilipendiada pelos setores radicais da luta pan-africanista que a consideram a preponderância dos brancos sobre os negros. A mesma rejeição pode ser observada nos setores identitários na Europa, onde o supremacismo e a extrema direita atacam violentamente a mestiçagem como símbolo da diluição da Europa.

E assim está selado o cofre do vínculo e sua chave. A sorte está lançada. Uma maldição quase adocicada neste vasto território, atraindo populações magnetizadas por sonhos compartilhados, parasitados por divergências alimentares e uma luta de classes aberta. A realidade quase física da diáspora, os limites desse confinamento são salvos por uma narrativa paliativa quase festiva baseada em projeções. Assim, privada de todos os recursos para uma verdadeira soberania, a diáspora, reduzida a uma proporção modesta de proto-Estado, fareja o pertencimento ético ou nacional que pode criar a ponte das consolações. Alguns exemplos falam por si só com relação à transferência de orgulhos, aos recursos que ainda têm validade, apesar das boas intenções, e à ideia de uma ancestralidade entre a diáspora e a África, em benefício da primeira entidade. Alain Gomis, cineasta senegalês pouco conhecido pelo batalhão nacional do grande público de Dacar, vencedor brilhante do Fespaco,[142] ou ainda Mati Diop, vencedora do César francês, se tornam os ídolos de um país, Senegal, pela repatriação da glória. Algo feito com a pompa e o simbolismo do retorno filho pródigo. O fato de a manufatura de seu sucesso ter ocorrido em uma penumbra longínqua, banalmente francesa, não gera nenhum impacto, trata-se de um troféu a ser exibido e que só alimenta o fio do "orgulho". Dacar só se apropria deles para os holofotes, mesmo que, no fundo, ainda permaneçam os resquícios de uma suspeita nascida da acusação: *Ainda assim, não é exatamente nosso.* Esse sucesso é alterado por sua origem e seus códigos que, embora determinados a encontrar um enraizamento africano, continuam sendo franceses e ocidentais.

Mas, finalmente, essas poluições logo são dissipadas, e a celebração dessa diáspora se torna a opção mais sim-

142 Festival Pan-africano de Cinema e Televisão de Uagadugu. (N.T.)

ples. Esses dois gênios são como o jogador de futebol Kylian Mbappé e tantos outros mestiços merecedores. Seres intermediários, em que se separa o joio do trigo em um mecanismo bastante clássico: respectivamente, é feita a separação entre a parte original, a africana, e a excedente, a francesa. *Orgulho* se torna um grito de guerra. Essa palavra está carregada de renúncias, é um guarda-chuva unificador e reconfortante, cujas brasas queimam a autoestima, mas que as cinzas aquecem. É uma palavra de luto quase magnífica, o ornamento do caixão. Derrota, sim, mas com honra! A menos que, esquecida no processo, a honra não tarde a morrer na ruína e o orgulho ateste sua ida para o cemitério. Contudo, filmes e memórias são ingratos. Os exemplos são abundantes, e seria muito cruel elaborar uma lista exaustiva dessas consagrações, cuja antecâmara e forja são francesas ou ocidentais, antes de se elevarem ao céu africano. Seja sob o elogio oportunista de preempção, seja sob o grito de um suposto roubo de talentos.

Foi no país da diáspora, último bastião dos novos rebeldes alienados, que o dito alienador farejou o capital a ser explorado. A massa nostálgica quer um retorno simbólico, quer contar, quer ampliar a fibra da identidade, mas não quer, *não consegue*, um divórcio radical que seria cruel com ela e com seu estilo de vida, suas conquistas e seus confortos! Em seu equilibrismo, suas proclamações contrárias à realidade de sua impotência, vamos acompanhá-la. Vamos convidá-la para nossas mesas. Vamos celebrar sua dissidência. Vamos dar a essas produções, que se enquadram na estrutura organizada de protestos toleráveis, holofote e difusão. Bingo! Ela não poderá nos acusar, e poderemos nos absolver de nossas falhas do passado, que, no entanto, são o motor de sua frustração. Esse é o equilíbrio certo. E a França entendeu.

V
INCOLONIZÁVEL MAIS QUE DECOLONIAL

INCOLONIABILIDADE DOS POVOS

Uma última observação: falamos muito de hibridação, imbricação e mestiçagem; portanto, gostaria de lembrar a realidade mestiça e um dado geral das sociedades e das culturas. Não existe produto "puro" nessa esfera, e os supostos produtos "puros" são aqueles que criam, por artifícios funestos e pela violência, os regimes totalitários. Devemos considerar um fenômeno completamente distinto: com o avanço das técnicas, das ciências e das aplicações da ciência, entramos em uma época em que a tecnomestiçagem está tomando conta de tudo, de todas e de todos. É preciso prestar atenção nesse desafio inédito.

GEORGES BALANDIER
prefácio de *La Situation postcoloniale*

A colonização ainda está condenada ao fracasso? Já sabemos, até as civilizações morrem. Nada do que é humano e terrestre é imperecível. Seja na escola de Lavoisier ou de Lampedusa, tudo se transforma, tudo muda para não mudar. A perenidade absoluta e inalterada da matéria é outra vaidade que o tempo devora. Mas a empreitada cínica e violenta de escravizar povos inteiros e, como em um caso de septicemia, nem sempre afeta o corpo-alvo inteiro. É uma boa notícia! Um coração inviolado continua sendo um gesto de ofensa para o algoz, como aquele riso cândido diante da catástrofe prometida, que não vai arrancar tudo porque um dia o sol volta a brilhar, como disse Seydou Badian,[143] sem se importar com a duração da noite. Esse dia se alimenta desse raio imortal que resiste à escuridão. Resta uma parte incolonizável, bastião inexpugnável da resistência.

A colonização, portanto, sempre exige a *incolonização*. Ela difere da decolonização, na medida em que não se trata do gesto de se despir ao final do ciclo, mas de não carregar uma *recusa de origem*. Os povos que resistiram aos assaltos de armadores e bandidos não são decoloniais, não, eles disseram não! Com suas sortes e azares. Essa luta natural e espontânea, para preservar o que é caro, não pode ser alienada pelo paradigma decolonial que, por sua vez, supõe inconscientemente a vitória da subversão. A decolonização admite tacitamente o sucesso da empreitada colonial, atribuindo a esta um domínio fundamental, uma totalidade e, ao subordinar a libertação a uma forma de sair desse esquema, corre atrás de uma ilusão, uma sombra. Uma vez que não há um ponto de pureza absoluta, a mestiçagem é nossa condição, e as

143 BADIAN, Seydou. *Sous l'orage*. Présence africaine, 1957.

sociedades históricas que somos, na perpétua gestação do próprio futuro, nunca estão consolidadas. Originalmente, elas se misturam, se encontram e se alimentam mantendo suas essências sem rigidez. Essa maleabilidade lhe permite um anseio de se adaptar. Ao observar o longo período da História dos povos e das sociedades africanas, seus patrimônios, suas memórias, seus impérios e seus sistemas políticos, há uma barreira, uma fronteira para a introdução de ideias exógenas. É a fortaleza da *incoloniabilidade dos povos*.

Embora possa parecer invasivo, gargalo que espreme até a náusea, a dominação ocidental não destruiu completamente, de modo irreversível, as civilizações africanas. Inúmeros elementos resistiram a ela e continuam sendo os breviários e os viáticos de uma luta jamais perdida, a de uma humanidade simplesmente, de uma recusa de arbitrariedades e de tantos elementos universais. Ao reificar a colonização, ao endossar a dualidade entre tradição e modernidade, a segunda sempre sendo a realidade do Ocidente, estamos omitindo a coconstrução da modernidade. As sociedades africanas não são atrizes passivas da História. Elas a escreveram e continuam a fazê-lo. Basta explorar os calendários culturais, os rituais e as práticas presentes em cada momento da vida para constatar que eles não obedecem necessariamente — e felizmente — a uma ordem colonial.

Uma das imprudências nesse quesito é justamente considerar essa incoloniabilidade como uma matéria estática e fóssil, também objeto de deificação, um berço inviolável que deveria ser encontrado intacto. Desde o início, há uma distorção com a museificação de um passado, destituído de qualquer dinamismo ou parte ativa, no qual adentramos religiosamente, quando deveria ter sido o inverso. Espanar o verniz empoeirado, investigar sua força e reinventá-lo. No entanto, essa ideia de pureza edênica continuou sendo a locomotiva de todas as ideias bastante em voga de peregrinações para casa, retorno a valores tradicionais e ancestrais, de renascimento a partir do passado, que se convertem em horizontes, sempre na contramão do mundo. Uma tradição que não está isenta de influências pois, ao essencializá-la, ignoramos que ela também continua sendo uma criação, como nos ensina Jean-François Bayart. Como dizia Romain Gary,[144] sair desse *grande zoológico* que as representações, tanto da colonização quanto da decolonização, fazem do continente. Esse continente que não precisa sair da grande noite, e tampouco entrar na História. Essas entradas e saídas só se dão graças a intencionalidades, para o bem ou para o mal, mas que permanecem distantes da verdade da História da qual o continente é parte integral e *inquestionável*.

Essa incoloniabilidade poderia ser considerada uma inspiração, uma condição básica capaz de servir como referência a ser constantemente fomentada para produzir a própria influência. Sob esse ponto de vista, o que importa parece residir no exame sem concessão de todo esse patrimônio para determinar seus esplendores e suas misérias, e aceitar nunca mais sonhar com qualquer identidade autêntica como um lingote de ouro de um passado a ser recuperado. Toda essa busca esbarra nessa tentação, nascida do trauma de querer criar uma outra narrativa, mentirosa se necessário, de um antigo esplendor, de uma idade de ouro ilusória. As sociedades africanas produziram entre si verdadeiras colonizações, violência, escravidão e subversão. Em níveis e naturezas

144 GARY, Romain. *Les Racines du ciel.* Gallimard, 1956.

distintos, elas não são, consequentemente, entidades singelas. Elas devem ser consideradas pelo que realmente são, conjuntos que podem ser aperfeiçoados e sobre os quais o curso da humanidade pode intervir.

A reificação do fato colonial é tão forte que tende a confinar toda a História do continente nesse período único, ignorando a extraordinária diversidade dessa cronologia, suas soberanias próprias, suas essências invioladas. E mais ainda, obriga cada criação a reagir contra esse fato colonial, portanto negligenciando a necessária autoscopia que se torna, assim que se mergulha no interior das próprias disfuncionalidades, uma suposta vertente da felonia. O que é irritante e desanimador. A atribuição sistemática e perpétua das problemáticas locais ao fato colonial é um problema ainda maior. De evitá-lo, logo passamos à negação e, o que é mais comum, à caça daqueles que blasfemam contra esse catecismo.

Não estamos tentando reencontrar pergaminhos prontos, esperando em uma gaveta da História para revelar sua genialidade, mas sim construindo-os com todos os ingredientes passados ou presentes, daqui e de outros lugares, compreendendo que os valores humanos não são racialmente coloridos e que a condição humana atravessa não apenas as barreiras geográficas, mas também aquelas erguidas pela História.

INDEPENDÊNCIA DO PENSAMENTO, UM ANTÍDOTO

Vilarejos na memória, vilarejos sonhados e vilarejos do pequeno cantão de Provence onde vou me "repaisar", são todos cenários onde se desenvolve minha etnologia afetiva. Neles, os personagens se tornam figuras exemplares. Os acontecimentos perdem sua agressividade. Os problemas aparecem nus, sem a roupagem das ideologias. O trabalho lento e obstinado molda as paisagens ao longo dos séculos, sempre repetidas e nunca acabadas. Esses lugares não são os mesmos onde minhas nostalgias costumam acampar, mas aqueles onde tudo aquilo que consegui apreender da turbulência do mundo se reduz ao essencial. Quero encontrar neles a prova de que o homem não é necessariamente uma vítima de seu embate com a História, desde que ele nunca desista e saiba que nada está garantido. Sua terra esperada será sempre o futuro.

GEORGES BALANDIER
Histoire d'Autres

O território literário permite sublimar todos os ressentimentos e provar, precisamente, a amargura das coisas, dos seres e das ideias. Mas existem territórios simbólicos que não são os mesmos da literatura e que podem nos trazer esse "magistral" de que precisamos para não naufragar. Desenvolver a faculdade do gosto da amargura nos ajuda a nos tornarmos topógrafos do mundo. Porque não tememos esse gosto, e porque sabemos apreciá-lo, ele aumenta a densidade do mundo ou, melhor dizendo, nossa representação do mundo. Esse gosto amargo também é um modo de curar o ressentimento.

CYNTHIA FLEURY
Curar o ressentimento

De tudo isso, um ponto se destaca: a perda de tempo. Ela é cruel. A disputa da alienação tem muito a ver com o ego, nos diria Debray.[145] É por isso que ela é interminável e representa uma opção séria para o futuro, se o paradigma permanece como está. Mas ela faz o potencial criativo de refém, sempre forçado a passar pela obrigação da reivindicação identitária. Ao dissolver todas as escalas de valores da criação exclusivamente na medida da "africanidade", a singularização reduziu o campo de possibilidades, incutindo medo e autocensura.

A única busca urgente é a da liberdade de pensamento, desvinculada do pensamento em comunidade e das injunções. O primado comunitário submeteu-se a todas as lógicas, tanto políticas quanto sociais, com o indivíduo a reboque. Sua aventura de soberania pessoal ora é negada, ora é combatida. No final, isso criou a resignação, cortou as asas do sonho e instaurou o fatalismo como comprovação de um destino. Pois, no fundo, a acusação de alienação é uma maneira de se comparar para se consolar. É uma inquisição que caça alvos pequenos quando o objetivo coletivo, que neste caso é urgente, é ignorado. Nessa nova era de euforias, a vigilância é necessária para desmascarar a natureza dos acusadores. Na ponta do indicador, muitas vezes há um semelhante sendo apontado. A liberdade e a independência do pensamento pressupõem pensar potencialmente contra todo mundo, inclusive os seus. Porque no fundo, a literatura é uma

145 CASADESUS, Frédéric. "Le tout à l'ego nous rend tristes", *Reforme*. Disponível em: https://www.reforme.net/grands-entretiens/2016/06/02/journal-reforme-numero-publication-evenement-a-ego-rend-tristes/.

viagem. Seria imperdoável não conhecer Queequeg[146] de Melville sob o pretexto de que ele não é um dos nossos. E vice-versa.

Uma necessidade urgente para o continente africano é a de conseguir criar em seu seio ambientes de discussão e espaços de diálogo pacífico que não fiquem sempre se referindo ao exterior, para que assim seja possível estabelecer uma conversa sem a ilusão e a fetichização de uma idade de ouro. Um imaginário não se constrói apenas com base em ideias e livros; para que possa existir, precisa enraizar-se, incorporar-se e sair da abstração. A desconexão entre esse imaginário escandido e a realidade existente transformou pseudoespaços de discussão em bolhas infundadas, sem qualquer credibilidade entre as populações que se sentiram excluídas desse banquete intelectual. Isso resultou na incapacidade de envolver toda a juventude em um projeto maior, o de construir o próprio futuro, que depende mais do talento dela do que de reclamações. Com a subordinação do futuro da África à mera condição de ruptura com um sistema colonial, toda a energia criativa fica aprisionada nessa paixão muitas vezes triste, alimentada por rancores e uma arbitrariedade que condena a repetições e contradições. A instauração de uma discussão frutífera é uma das condições para um diálogo franco, um diagnóstico descompromissado, e também para a capacidade de se questionar, em que muitas vezes o déficit é notável. Impedir essa introspecção, enxergando nela apenas indícios de um ódio de si mesmo, e condená-la como traição é a principal mentira e de onde nascem as outras. Com uma gerontocracia as-

146 MELVILLE, Herman. *Moby Dick*. Gallimard, 1996. [No Brasil: *Moby Dick, ou A baleia*. Tradução Irene Hirsch e Alexandre Barbosa de Souza. São Paulo: Editora 34, 2019. (N.T.)]

sumida e intimidadora, a palavra dos mais velhos, tida como sagrada, muitas vezes foi o próprio agente desorientador, matando o espírito da revolução e balbuciando uma derrota não assumida. Um exemplo entre vários: seja em termos de matriz ideológica ou de pensamento, gerações de africanos nunca aceitaram fazer um balanço do marxismo e de seus fracassos. No entanto, todas as ideias e paradigmas devem ser analisados sem hemiplegia, pela simples vontade de expandir o círculo do Iluminismo, que não é uma marca registrada ocidental, nem uma armadilha quando despojado de suas mentiras. Trata-se de produzir uma liberdade de consciência capaz de enfrentar os feudalismos, as amarras rígidas, as energias retrógradas, que por muito tempo se beneficiam da acusação contra o Ocidente, um meio perspicaz de nunca ser investigado. Essa constante extroversão do pensamento condenado à reação cria condições para uma necrose das ideias. Expandir os campos do conhecimento significa descobrir a proximidade infinita das condições, das origens, das identidades e das sociedades humanas. O material é abundante, trazido por muitas mentes, e essa capacidade de enxergar o mundo tal como ele é, o primeiro passo para uma nova dinâmica. Debater sem hostilidade, contestar sem desqualificar, esse é o objetivo deste texto.

A contextualização magistral de Cynthia Fleury[147] nos ajudou a enxergar o peso persistente do ressentimento. É algo que tem a carga de um peso morto, uma amargura constante que parasita a alma. Curar-se disso torna-se, assim, a maior urgência.

147 FLEURY, Cynthia. *Curar o ressentimento: o mal da amargura individual, coletiva e política*. Tradução Milena P. Duchiade. Rio de Janeiro: Bazar do Tempo, 2023. (N.T.)

PERSPECTIVA PESSOAL

Um único dever: o de nunca renunciar
à minha liberdade por meio de minhas escolhas.
Não quero ser a vítima das artimanhas de um mundo negro.

FRANTZ FANON
Pele negra, máscaras brancas

Sei o quanto custa cobiçar a liberdade a qualquer preço. Ou torná-la um ídolo e um horizonte intransponível. Como aprendi com Georges Bernanos,[148] acredito não ter me enganado com o fato de que essa franqueza está repleta de ilusões, de que pode levar a fracassos, criar falsas subversões, coragem artificial, heroísmo e posturas, em suma, mesquinhas. Consciente desse ideal fugaz, indomável e tão frágil para um equilíbrio muitas vezes impossível, sei no entanto o quanto custa ser privado dele. A prisão que uma privação dessas é capaz de provocar na alma, a destruição que ela pode causar em uma consciência, o servilismo, a frustração e os empecilhos que ela pode semear. No entanto, como um jogador de futebol discreto, sei o estímulo que uma *derrota* pode gerar. Muitas vezes, a imprudência surge dessa derrota, porque ela desafia a realidade ao aceitar seus fardos mortais. Assumir essas fissuras não significa cuidar delas, nem viver sob sua influência, mas domá-las. Ainda mais porque estão destinadas a nos acompanhar durante a travessia rumo à justiça. Ela não pode ser uma vingança. Ela não concede qualquer privilégio.

148 BERNANOS, Georges. *La Liberté, pour quoi faire?*. Gallimard, 1953.

Cheguei na França com dezessete anos, e desde então já vivi metade da minha vida neste país. Sua língua é a minha. Suas paisagens são meu cenário. Sua programação cultural, no sentido amplo e vital do termo, é a minha. Aqui obtive meus diplomas. Como muitos, escolhi viver aqui por causa das vantagens econômicas que meu país não podia me oferecer. Sei que, nesse quesito, de forma alguma sou melhor que os candidatos das pequenas embarcações para as costas europeias. Compomos uma família a partir de uma fuga institucionalizada e incentivada, caminho de uma peregrinação dolorosa, da perda de si, mas também a admissão de uma preferência. A França e seus institutos inclusive me convidam para meu país. A minha base de leitores está no meu país de acolhida. Portanto, a França se tornou meu país, também. Qualquer tentativa de me limpar dela, mesmo com muita água, em um gesto de sacrifício final, me condena a arrastar formas inconscientes, porque é impossível escolher a própria identidade. Não existe barreira ou cerca de proteção que impeçam influências, a menos que se aceite as ilusões da autossuficiência. Seja qual for a composição do veneno que às vezes pode instilar sua substância amargando a alma, assumir essa identidade, atravessar a diagonal dessa dor de forma saudável e lúcida, mas sem complacência, sempre foi minha escolha, sem me iludir com os mecanismos de dominação. No entanto, ignorar o ressentimento causado por ela é uma fraqueza a que nunca vou ceder, porque isso nos paralisa e nos coloca em situações insustentáveis para as quais tentamos elaborar explicações.

Quero acreditar, em consonância com Balandier,[149] que o homem não é uma vítima de seu embate com a

149 BALANDIER, Georges. *Histoire d'autres*. Stock, 1977.

História. Que o conflito não é nossa condição absoluta e exclusiva. Enriquecido por essa convicção, quero olhar para o Senegal, meu país, a França, minha terra de acolhida, a África e o mundo como espaços meus sobre os quais gostaria de pôr em prática minha liberdade de pensar, de acreditar e de escrever. Sem estar sob o jugo desse demônio colonial que se tornou um negócio lucrativo, cujos beneficiários mantêm populações inteiras como reféns, sujeitando seu desenvolvimento a uma ruptura com a qual eles próprios não concordam. Em meio aos grandes infortúnios da mundialização, resta um pouco de esperança, pois a comunidade da condição humana é capaz de criar a alteridade e, ao mesmo tempo, a garantia de troca e de regeneração. Derrubar essas muralhas significa a garantia de raízes mais fortes, porque elas viajam, se alimentam e se sedimentam melhor, nos permitindo celebrar a humanidade.

Recuperar a despretensão e a liberdade, perseguindo-as a todo custo, essa é a sinceridade obstinada da minha busca pela África e pelo mundo. A busca de uma esperança. Ela é forjada e semeada no coração, mas mata para sempre o ressentimento crônico.

AGRADECIMENTOS

Gostaria de agradecer a todos os camaradas de espírito, companheiros de viagem, amigos queridos e revisores deste texto, que o enriqueceram, aprimoraram e o elogiaram com sua gentileza. Agradeço a Roger, Ibra, Philippe, Ousmane, Sophie, Anne-Sophie, Latyr, Gilles e Marc.

Dados Internacionais de Catalogação na Publicação (CIP)
de acordo com ISBD

E41b
Elgas
Os bons ressentimentos: Ensaio sobre o mal-estar
pós-colonial / Elgas; traduzido por Diogo Cardoso
São Paulo: sobinfluencia edições, 2025

208 pp. 13cm × 21cm
Inclui bibliografia
ISBN 978 65 84744 58 5

1. Filosofia. 2. Política. 3. Pós-colonialismo.
4. Decolonialismo. 5. Anticolonialismo. 6. África.
7. Senegal. 8. França.
I. Cardoso, Diogo. II. Título.

2024-4375 CDD 100
CDU 1

Índice para catálogo sistemático:
1. Filosofia 100 2. Filosofia 1

Elaborado por Odilio Hilario Moreira Junior CRB-8/9949

COORDENAÇÃO EDITORIAL
Fabiana Vieira Gibim, Rodrigo Corrêa e Alex Peguinelli
TRADUÇÃO
Diogo Cardoso
PREPARAÇÃO
Gabriela Mekhitarian
REVISÃO
Alex Peguinelli e Mariana Bercht Ruy
PROJETO GRÁFICO
Rodrigo Corrêa
DIAGRAMAÇÃO
Pedro Botton [Estúdio Arquivo]

Este livro, publicado no âmbito do Programa de Apoio à Publicação 2024 Atlântico Negro da Embaixada da França no Brasil e da Temporada Brasil França 2025, contou com o apoio à publicação do Institut Français assim como o apoio do Ministério da Europa e das Relações Exteriores.

Cet ouvrage, publié dans le cadre du Programme d'Aide à la Publication 2024 Atlantique Noir de l'Ambassade de France au Brésil et de la Saison France-Brésil 2025, bénéficie du soutien des Programmes d'Aide à la Publication de l'Institut Français ainsi que du soutien du Ministère de l'Europe et des Affaires Etrangères.

AMBASSADE DE FRANCE AU BRÉSIL
INSTITUT FRANÇAIS
FRANÇA BRASIL 2025

sobinfluencia.com
Galeria Metrópole
Av. São Luís, 187, Sala 12, Piso 1 – República, São Paulo/SP

Este livro foi composto nas fontes Neue Haas Grotesk
e Minion Pro e foi impresso pela Gráfica Pallotti,
no papel avena 70g, tiragem de 1000 cópias.